metabolic balance
Das Kochbuch für Vegetarier

DR. MED. WOLF FUNFACK | SILVIA BÜRKLE

metabolic balance
Das Kochbuch für Vegetarier

Gesund abnehmen mit abwechslungsreichen Rezepten ohne Fisch und Fleisch

INHALT

Vorwort 7
Wissenswertes für Vegetarier 8
Insulingerechte Ernährung. 10
Unser Stoffwechselprogramm 12
Vegetarismus 15
Metabolic Balance® für Vegetarier 16

Lebensmittel unter der Lupe 18
Bestandteile der Nahrung. 20
Wichtigster Lebensbaustein: Eiweiß 20
Kohlenhydrate 22
Ballaststoffe 25
Fette. 28
Wichtige Vitalstoffe für Vegetarier 32

Kleine Warenkunde 38
Abwechslungsreiche Kost 40
Hülsenfrüchte 40
Soja 44
Pilze 48
Sprossen und Keimlinge 49
Kräuter und Gewürze 53

Rezepte für Vegetarier 54
Zum Frühstück. 56
Eier 68
Käse & Quark 80
Tofu 100
Hülsenfrüchte 110
Sprossen 120
Pilze 132

Register 140
Bildnachweis und Impressum 144

Eine Ernährung, die Wert auf Frische, Ausgewogenheit und vitalstoffschonende Zubereitung legt, ist der beste Garant für eine gesunde Kost – frei von Zusatzstoffen aller Art.

Gemüse und je eine Eiweißart sind die Basis der Metabolic-Balance®-Mahlzeiten.

Vorwort

Weltweit sind rund eine Milliarde Menschen übergewichtig, laut einer Schätzung der Weltgesundheitsorganisation (WHO). Das entspricht einem Sechstel der Weltbevölkerung. Den Löwenanteil der Übergewichtigen finden wir in den USA und in Europa. Aber auch Länder wie Brasilien oder China haben mit diesem Problem zu kämpfen. In Deutschland ist nach einer Studie des Robert-Koch-Institutes in Berlin die Hälfte der Menschen übergewichtig. Was also machen wir falsch? Wo liegt das Problem? Obwohl in den westlichen Industriestaaten immer mehr »Light«-Produkte verzehrt werden und der Trend zum »Low Fat« anhält, werden die Menschen immer dicker.

Die Nahrung richtig zusammensetzen

Dabei gibt es schon viele Menschen, die sich für eine gesunde Lebensweise und eine naturgerechte Ernährung entschieden haben: die Vegetarier. Sie verzichten bewusst auf Fisch und Fleisch, teilweise auch aus ethischen Gründen. Doch schaffen sie es damit, so viel hochwertiges Eiweiß (Protein) aufzunehmen, dass ihr Bedarf auch wirklich gedeckt wird? Oder verzehren sie zu viel Zucker und tappen damit in die Kohlenhydratfalle, die im schlimmsten Falle eine Insulinresistenz nach sich zieht? Auf all diese Fragen hat Metabolic Balance® eine Antwort. Zum einen wird mit dem einzigartigen Stoffwechselprogramm der Organismus wieder ins Gleichgewicht gebracht und man erreicht damit das gewünschte Körpergewicht – unabhängig davon, ob man vorher zu dick oder zu dünn war. Zum anderen profitieren Vegetarier von dem Wissen der optimalen Kombination von Lebensmitteln, um sich in Zukunft noch besser zu ernähren.

Dr. med. Wolf Funfack

Eine Ernährung nach den Grundsätzen von Metabolic Balance® lässt sich auch für Ovo-Lakto-Vegetarier umsetzen. Immer mit dem Ziel, den Blutzuckerspiegel und damit den Insulinspiegel im Körper auf einem gesunden Niveau zu halten. Und dabei ausreichend hochwertiges Eiweiß aufzunehmen.

Auf die richtige Kombination der Lebensmittel kommt es an, will man sich insulingerecht ernähren und dabei hochwertiges Eiweiß aufnehmen. Metabolic Balance® weist den Weg.

Wissenswertes für Vegetarier

Mit Metabolic Balance® zu einem ausgeglichenen Stoffwechsel

Insulingerechte Ernährung

Alle Vorgänge im Körper beruhen auf chemischen Reaktionen. Ständig werden Stoffe (Nährstoffe, Zusatzstoffe und auch Schadstoffe) aufgenommen, die der Körper abbaut, umwandelt und auch wieder ausscheidet. An diesem System sind 80 Billionen Zellen, Enzyme und Hormone beteiligt. Man fasst diese hochkomplexen Vorgänge unter dem einfachen Begriff Stoffwechsel zusammen. Es klingt so einfach, doch es ist hoch kompliziert. Da ist es nur verständlich, dass dabei eine Menge schiefgehen kann. Die Hormone, Enzyme und Zellen müssen mit den richtigen Nährstoffen ausreichend versorgt werden, um ihrer Aufgabe gerecht zu werden. Dabei geht es nicht nur darum, etwas zu essen, wenn sich der Hunger meldet, sondern die richtigen Nährstoffe im richtigen Verhältnis zueinander aufzunehmen. Viele ernährungsbedingte Zivilisationskrankheiten zeigen uns, welch eine Schieflage der Stoffwechsel durch Fehlernährung erleiden kann. Dem Körper werden zu viel, zu wenig oder gar die falschen Nährstoffe täglich zugeführt, deren Verarbeitung er nicht mehr bewältigen kann. Lebensmittel sind komplex zusammengesetzte Substanzen, die, für sich betrachtet, weder »gut« noch »schlecht« sind. Ein einzelner »guter«, »hochwertiger« Nährstoff (z. B. Eiweiß mit hoher biologischer Wertigkeit oder mehrfach ungesättigte Fettsäuren) kann allein nichts ausrichten. Vielmehr benötigt der Körper andere Stoffe, da alle sich gegenseitig stützen bzw. aufeinander angewiesen sind, um auf- und abgebaut werden zu können.

> Der Stoffwechsel im Körper geht tatsächlich mit einem »Stoff-Wechsel« einher. Nahrung wird aufgenommen, zerlegt, verwertet und alles Überschüssige ausgeschieden. Der Körper baut mit Hilfe der Nahrung körpereigene Substanzen auf.

Hormone

Hormone wie das Insulin sind wichtige Signal- und Botenstoffe. Im Vergleich zu den Nervensignalen sind Hormone für die »langsameren« Regulationsvorgänge im Körper zuständig. Sie werden von Drüsen bzw. Drüsenzellen gebildet und mit dem Blutstrom im ganzen Körper verteilt, bis sie letztendlich ihre Wirkung entfalten. Immer wieder müssen sie aufs Neue produziert werden, und der Körper muss dafür die nötigen Nährstoffe bereitstellen bzw. die Speichervorräte leeren.

Insulin

Das Schlüsselhormon ist das Insulin. Insulin wird in der Bauchspeicheldrüse gebildet und ist aktiv am Blutzuckerstoffwechsel beteiligt. Nach einer Mahlzeit steigt der Blutzuckerspiegel durch die Zuckermoleküle an, die aus dem Darm in die Blutbahn gelangen. Insulin sorgt dafür, dass die Körperzellen Zucker aus dem Blut aufnehmen. Dabei funktioniert Insulin wie ein Schlüssel. Es dockt an bestimmte Stellen an jeder einzelnen Körperzelle an, dadurch wird die Zellmembran durchlässig, der Zucker gelangt hinein und wird von der Zelle entweder gespeichert oder verbrannt. Sind alle Zellen gesättigt, dann wird der restliche Zucker in Fett umgewandelt und in den Fettdepots abgespeichert. Wenn dieser Mechanismus gestört ist, werden die Zellen unzureichend mit Nährstoffen versorgt. Insulin ist verantwortlich für die Versorgung der Zellen mit Kohlenhydraten, Fetten und Eiweiß. Ein Zuviel ist genauso schädlich wie zu wenig Insulin. Zu viel Insulin fördert die Fetteinlagerung, wird mitverantwortlich gemacht für zu schnelles Altern der Zellen und raubt uns auch den Schlaf, da das dafür zuständige Hormon Melatonin beeinträchtigt wird. Ohne Insulin würden die Zellen trotz Überangebot an Nahrungsmitteln verhungern. Der Zucker bleibt in der Blutbahn und bewirkt einen ständig erhöhten Blutzuckerspiegel, der wiederum auf Dauer Gefäße und Organe schädigt. Zu hohen Insulinspiegeln kann es kommen, wenn die Körperzellen übervoll mit Glukose sind, nicht mehr adäquat auf Insulin reagieren und sich eine »Insulinresistenz« entwickelt.

Unsere Hormone sind wie Gas- und Bremspedale im Auto. Haben wir zu viel von einem oder zu wenig von einem anderen, bringt dies unseren Stoffwechsel nicht in Fahrt.

Unser Stoffwechselprogramm

Bei Metabolic Balance® stehen die Regulierung und Harmonisierung des Stoffwechsels im Mittelpunkt der Betrachtung. Das geschieht, indem der Körper in die Lage versetzt wird, alle Hormone und Enzyme in ausreichendem Maße zu produzieren. Die Grundlage zur Regulierung des Stoffwechsels, d. h. dass alle Enzyme und Hormone des Körpers wieder ihre Funktionen erfüllen und in ausreichendem Maße hergestellt werden, ist der individuelle Ernährungsplan, der für jeden Teilnehmer des Stoffwechselprogramms erstellt wird. Hierfür ist eine Blutanalyse erforderlich um festzustellen, wo eventuell Defizite liegen, bzw. zu hinterfragen, welche Nährstoffe der Körper mehr und welche er weniger benötigt. Diese Blutwerte in Kombination mit den persönlichen Angaben (Alter, Größe, Gewicht) – und unter Berücksichtigung eventueller Nahrungsmittelunverträglichkeiten – ergeben schließlich den individuellen Ernährungsplan. Die Teilnehmer des Metabolic-Balance®-Programms werden sozusagen an ihrem Ausgangspunkt abgeholt und mit Hilfe des Routenplaners, in diesem Fall der individuelle Ernährungsplan, über verschiedene Stufen zu ihrem Ziel geleitet. Die Route bzw. die Länge des Weges ist abhängig von den einzelnen Zielen der Teilnehmer.

> Auf seinem Weg durch das Metabolic-Balance®-Programm wird jeder Teilnehmer begleitet und beraten von ausgebildeten und zertifizierten Metabolic-Balance®-Betreuern. Das sind Ärzte, Heilpraktiker und Ernährungsberater.

Metabolic Balance® in der Praxis

Das Programm gliedert sich in vier Phasen und ermöglicht somit eine langsame und konsequente Ernährungsumstellung.

Phase 1 – Vorbereitungsphase

Hier wird der Köper schonend auf eine Ernährungsumstellung vorbereitet. Während dieser 2 Tage soll der Körper angeregt werden zu entschlacken, sich von »Altlasten« zu befreien. Daher wird vorzugsweise leicht verdauliche Kost verzehrt, vor allem Obst und Gemüse. Der Entschlackungsprozess wird zusätzlich unterstützt durch das Trinken von reichlich Wasser und eine Darmreinigung.

Phase 2 – Strenge Umstellungsphase

In der strengen Phase geht es darum, den Stoffwechsel in Gang zu bringen. Deshalb ist es unbedingt erforderlich, genau die Lebensmittel zu verzehren, die der Plan empfiehlt. Die Auswahl ist vielfältig, auch wenn das ein oder andere »heißgeliebte« Gemüse vielleicht nicht aufgeführt ist. In dieser Phase werden auch die Metabolic-Balance®-Regeln (s. Seite 14) gelernt und einstudiert, die sich wie ein roter Faden durch die nächsten Phasen ziehen. Die strenge Phase schließt sich unmittelbar an die Vorbereitungsphase an und umfasst mindestens 14 Tage. Dieser Zeitrahmen kann sich auch erweitern, je nachdem welches Ziel der einzelne Teilnehmer verfolgt.

Die Phase 2 des Stoffwechselprogramms ist besonders wichtig. Denn nur wer sich in dieser Phase genau nach seinem individuellen Ernährungsplan richtet, gibt seinem Körper die Möglichkeit, sich selbst zu regulieren.

Phase 3 – Gelockerte Umstellungsphase

Das ist die Phase, in der man auch mal wieder über seinen »Tellerrand« hinausschauen darf und einfach Lebensmittel ausprobiert, die nicht in dem individuellen Plan enthalten sind. Das ist die Phase, in der man erkennt, dass nicht alle Lebensmittel, die einem vor Metabolic Balance® lieb und teuer waren, unbedingt zum Leben nötig sind. Dass manche Lebensmittel nicht mehr so schmecken wie man sie in Erinnerung hat, da sich das Geschmacksempfinden insgesamt verändert hat. Ebenso hat sich das Körpergefühl verändert. Man nimmt die Signale des Körpers eher wahr als zuvor, d.h. der Körper reagiert z.B. mit Völlegefühl, Unwohlsein, eventuell auch mit Gliederschmerzen oder Kopfschmerzen, wenn wir Lebensmittel zu uns nehmen, die wir nicht sehr gut vertragen. Wir sind besser in der Lage, diese Signale auch wahrzunehmen und dementsprechend darauf zu reagieren.

WISSENSWERTES FÜR VEGETARIER

Beim Lernen für den Auto-Führerschein haben wir uns mit unzähligen Verkehrsregeln auseinandergesetzt, diese während der gesamten Fahrschulzeit umgesetzt und gelernt. Heute, die Fahrschulzeit ist lang vorbei, halten wir uns immer noch weitgehend an die Regeln. Gelegentlich die Geschwindigkeit zu überschreiten ist schon möglich, es sollte bloß kein Dauerzustand sein.

Phase 4 – Erhaltungsphase

Das Ziel ist erreicht. Der Stoffwechsel ist »neu eingestellt«. Die Ernährungsumstellung ist erfolgreich durchgeführt worden. Jetzt heißt es, nicht gleich wieder das Ruder aus der Hand zu geben. Hilfreich ist auch in dieser Phase, dass weiterhin weitgehend die Metabolic-Balance®-Grundregeln (siehe Kasten) eingehalten werden. Immer ist das sicherlich nicht möglich. Aber wichtig ist es doch, nach einem Ausrutscher wieder in die richtige Spur zu kommen, und mit den

Die Grundregeln von Metabolic Balance®

Vor allem für die strenge Umstellungsphase gilt:

▸ Essen Sie nur drei Mahlzeiten pro Tag: nicht mehr, nicht weniger, nichts anderes als in Ihrem persönlichen Lebensmittelplan vermerkt ist.

▸ Legen Sie fünf Stunden Pause zwischen den Mahlzeiten ein.

▸ Lassen Sie jede Mahlzeit nicht länger als 60 Minuten dauern.

▸ Beginnen Sie jede Mahlzeit mit einem bis zwei Bissen der Eiweißportion (beispielsweise Eier, Käse, Quark, Hülsenfrüchte oder Tofu).

▸ Nehmen Sie pro Mahlzeit nur eine Art Eiweiß auf.

▸ Essen Sie nach 21 Uhr möglichst nichts mehr.

▸ Trinken Sie über den Tag verteilt die für Sie errechnete Menge Wasser (Faustregel: 35 Milliliter Wasser pro Kilogramm Körpergewicht).

▸ Essen Sie das Obst (u. a. täglich einen Apfel) zum Ende einer Mahlzeit.

Nach den ersten zwei bis drei Wochen gelten diese Ergänzungen:

▸ Bewegen Sie sich jeden Tag. Laufen oder fahren Sie Fahrrad statt das Auto zu nehmen. Steigen Sie Treppen statt den Aufzug zu nehmen. Gehen Sie regelmäßig schwimmen oder walken Sie – allein oder mit Freunden.

▸ Legen Sie bei längeren Mahlzeiten nach jeder Stunde 15 Minuten Pause ein.

Metabolic-Balance®-Regeln ist damit die Grundlage geschaffen. Hier übernimmt jeder Teilnehmer am Stoffwechselprogramm die eigene Verantwortung.

Vegetarismus

Die vegetarische Ernährungsweise geht auf den griechischen Philosophen Pythagoras (6. Jahrhundert) zurück. Sie besagt, dass der Mensch ausschließlich oder vorwiegend Lebensmittel pflanzlichen Ursprungs aufnehmen sollte. Noch vor knapp 100 Jahren waren Getreide, Gemüse, Hülsenfrüchte, Kartoffeln, Obst und gelegentlich auch Milchprodukte überwiegend die Grundlagen unserer Ernährung. Mit steigendem Lebensstandard und fortschreitender Industrialisierung aber wurden sie zunehmend durch Fleisch, Fisch, Eier und daraus hergestellten Fertigprodukten sowie durch gekochte oder sterilisierte Milchprodukte ersetzt. Im Zeitalter von Lebensmittelskandalen und wachsendem Umweltbewusstsein hat der Vegetarismus einen Imagewandel durchgemacht. In Deutschland leben derzeit rund sechs Millionen Menschen vegetarisch. Die Gründe, sich vegetarisch oder vorwiegend vegetarisch zu ernähren, sind unterschiedlich.

> Gesunde vegetarische Küche ist mehr als der einfache Verzicht auf Fleisch. Sie setzt mit Gemüse und Kräutern, Sprossen, Pilzen, Getreide und Obst auf Lebensmittel, die reichlich Vitalstoffe enthalten.

Beweggründe

Die Beweggründe liegen einerseits in ethischen Überlegungen, die George Bernard Shaw einst wie folgt formulierte: »Tiere sind meine Freunde, ich esse meine Freunde nicht«, aber auch religiöse, ökologische und gesundheitliche Gründe werden häufig angeführt. Während früher Vegetarismus überwiegend ethisch begründet wurde, werden heute an erster Stelle gesundheitliche Erwägungen angeführt. Laut einigen Studien wird Vegetariern ein sehr guter Gesundheitszustand bestätigt, was jedoch auch damit zusammenhängen kann, dass sich Leute, die einer vegetarischen Ernährung nachgehen, auch bei anderen Belangen verstärkt um ihre Gesundheit bemühen. Das ausgeprägte Gesundheitsverhalten zeigt sich durch Abstinenz des Rauchens sowie einen weitgehenden Verzicht auf Alkohol, Kaffee und schwarzen Tee. Längst sind die Vegetarier nicht mehr nur die »Körner-Tanten« und »Körner-Onkel«, die man erst dann besucht, wenn man zuvor ein saftiges Steak gegessen hat.

Metabolic Balance® für Vegetarier

Oft wird behauptet, vegetarische Ernährung sei einseitig und mangelhaft, hervorgerufen durch den Verzicht auf bestimmte Nahrungsmittel. Dies ist nicht ganz richtig, sofern man tatsächlich unterscheidet, ob es sich um reine Veganer oder um eine andere Form des Vegetarismus handelt.

> Tierische Produkte sind nun mal diejenigen Lebensmittel, die die kritischen Nährstoffe ausreichend und in der für den Körper leichter resorbierbaren Form enthalten. Daher kann für Veganer kein Metabolic-Balance®-Plan erstellt werden.

Vegetarier ist nicht gleich Vegetarier!

Es gibt verschiedene Formen des Vegetarismus, die sich am Anteil erlaubter tierischer Lebensmittel sowie nach Art und Zubereitung der Pflanzenkost abgrenzen lassen:

Bezeichnung	Meiden von*
Ovo-Lakto-Vegetarier	Fleisch und Fisch
Lakto-Vegetarier	Fleisch, Fisch und Eiern
Ovo-Vegetarier	Fleisch, Fisch und Milch
Veganer	allen vom Tier stammenden Lebensmitteln (Fleisch, Fisch, Milch, Eier, Honig)

*einschließlich der jeweils daraus hergestellten Produkte
Quelle: Leitzmann und Hahn: Vegetarische Ernährung. Ulmer, Stuttgart 1996

Veganer sind gefährdet

Veganer verzichten ganz bewusst auf jedes Lebensmittel, das nur ansatzweise etwas mit Tieren zu tun hat. Selbst Honig ist aus ihrem Speiseplan verbannt. Durch diese strenge Form des Vegetarismus laufen sie aus ernährungsphysiologischer Sicht Gefahr, bei bestimmten Nährstoffen und Vitalstoffen ein gewisses Defizit aufzuweisen, vor allem, wenn die ihnen zur Verfügung stehenden Nahrungsmittel nicht sorgfältig ausgewählt und richtig kombiniert werden. Insbesondere seien hier Eiweiß (Protein), Vitamin B12, Kalzium, Eisen und Zink genannt.

Ovo-Lakto-Vegetarier

Wer sich für eine modifizierte Form des Vegetarismus entschieden hat, bei der auch Eier und Milch sowie Milchprodukte auf dem Speiseplan stehen, kann sich im Gegensatz zu den Veganern optimal ernähren, wenn die Nahrung sorgfältig ausgewählt, ausgewogen und abwechslungsreich gestaltet ist. Fleisch liefert zwar Energie, Eiweiß, Eisen und Zink, ist aber für eine ausgewogene Ernährung kein unbedingt notwendiger Bestandteil, da es sehr gute pflanzliche Alternativen gibt. So sind z. B. Sojabohnen, Mungobohnen und daraus hergestellter Tofu, Sprossen, Keimlinge, Nüsse, Shiitakes und Austernpilze Eiweißträger von hoher biologischer Wertigkeit. Eine ovo-lakto-vegetabile Ernährungsform bietet also alle Voraussetzungen für eine gesunde und abwechslungsreiche Ernährung nach Metabolic Balance®, ohne dabei Gefahr zu laufen, dass ein Nährstoffdefizit in irgendeiner Weise auftritt. Denn Milch, Milchprodukte und Eier sind eine optimale Quelle für Vitamin B12, Eisen, Vitamin D, Kalzium, Zink und Eiweiß. Und die Versorgung der essenziellen Nährstoffe wie Omega-3- und Omega-6-Fettsäuren wird durch den Einsatz von hochwertigen Ölen (Lein-, Raps-, Walnussöl) sichergestellt.

Besonders problematisch wird es, wenn schon Kleinkinder als Veganer aufgezogen werden, denn dadurch wird der natürliche Speichervorrat an Vitamin B12 relativ rasch aufgebraucht. Der natürliche Speichervorrat im Körper liegt bei drei bis fünf Jahren.

Unsere Nahrung besteht aus vielen Bausteinen.
Auf eine ausgewogene Kost kommt es an.
Die Nährstoffe und Vitalstoffe
im Einzelnen vorgestellt.

Lebensmittel
unter der Lupe

Richtig kombiniert und dosiert –
für einen gesunden Körper

Bestandteile der Nahrung

Bei der Verdauung werden die Lebensmittel in ihre Grundbausteine zerlegt und über die Blutbahn an die Organe und Zellen ihrer Bestimmung gebracht.

Wichtigster Lebensbaustein: Eiweiß

Egal ob Blume, Elefant oder Mensch – Eiweiß ist der Stoff, aus dem der menschliche Körper, ja die gesamte Natur gemacht ist, denn »Leben = Eiweiß«. Zu Recht wird es in der Wissenschaft als Protein bezeichnet, als »das Erste, das Wichtigste«. Dieser Name macht auch auf den Stellenwert, den Eiweiß in der täglichen Ernährung einnehmen sollte, aufmerksam: Ohne Eiweiß läuft im Organismus gar nichts.

Aminosäuren

Alle Lebensmittel werden mechanisch (durch Kauen) und chemisch (durch Enzyme) in ihre Einzelbestandteile zerlegt.

Immunsystem, Muskeln, Haare, Nerven, Blut, Organe, Hormone sind aus den kleinsten Eiweißbausteinen – auch Aminosäuren genannt – aufgebaut, die unterschiedlich lang miteinander kombiniert sind. Insgesamt gibt es 21 verschiedene Aminosäuren. Das Hormon der Bauchspeicheldrüse, Insulin, besteht beispielsweise aus 191 solcher Bausteine. Man kann dieses System sehr gut mit unserem Alphabet vergleichen, das aus 26 Buchstaben besteht. Aus ihnen können wir einzelne Wörter bilden, Sätze, ja gar Bücher schreiben. Alles zum Zweck, um Informationen auszutauschen. Sätze können uns beispielsweise dazu veranlassen, etwas zu tun. Ebenso hat das Insulin die Aufgabe, den Zellen das Signal zu geben, sie mögen nun bitte Glukose aus der Blutbahn aufnehmen. Acht von den 21 bekannten Aminosäuren sind essenziell, d.h. lebensnotwendig. Der Körper kann sie nicht selbst herstellen, sondern sie müssen mit der täglichen Nahrung zugeführt werden. Diese wichtigen, essenziellen Aminosäuren sind in eiweißhaltigen Nahrungsmitteln enthalten. Die Natur bietet Ovo-Lakto-Vegetariern zahlreiche Möglichkeiten, den Eiweißbedarf zu decken. Ausreichend Eiweiß steckt in Eiern, Quark, Milch, Käse und Hülsenfrüchten sowie in Nüssen, Sprossen, Keimlingen und Getreide. Für eine gesunde Ernährung ist es sinnvoll, über den Tag verteilt unterschiedliche Eiweißträger zu sich zu nehmen und diese mit pflanzlichen Kohlenhydraten in Form von Gemüse und Obst zu kombinieren, denn für einen guten Eiweißstoffwechsel müssen auch ausreichend Vitamine, Mineralstoffe und Spurenelemente zur Verfügung stehen.

Die biologische Wertigkeit

Hat ein Eiweiß einen hohen Gehalt an essenziellen Aminosäuren, so spricht man von einer hohen biologischen Wertigkeit. Hier ist nicht der möglichst hohe Eiweißgehalt des Nahrungsmittels entscheidend, sondern die Qualität des Proteins, also wie viel von diesem Eiweißgehalt in körpereigenes Eiweiß umgewandelt werden kann. Tierisches Eiweiß ähnelt im Aufbau sehr dem menschlichen Körpereiweiß und kann deshalb in größerem Maße in körpereigenes Eiweiß umgebaut werden, als dies beim pflanzlichen Eiweiß der Fall ist. Das Eigelb vom Hühnerei hat mit 100 die höchste biologische Wertigkeit, die ein natürliches Lebensmittel haben kann. Oftmals wird auch empfohlen tierische und pflanzliche eiweißhaltige Nahrungsmittel zu kombinieren, um so eine höhere biologische Wertigkeit zu erzielen. Leider ist das in der Praxis nicht immer ganz so einfach zu handhaben, wie es gerne dargestellt wird: Um wirklich die optimale »Ausbeute« zu bekommen, ist auch wichtig, dass die Nahrungsmittel im richtigen Verhältnis gemischt werden. So ergeben z. B. Kartoffeleiweiß und Quarkeiweiß im Verhältnis 1:2 eine biologische Wertigkeit von 136.

> Wichtige Eiweißlieferanten für Vegetarier sind Hülsenfrüchte (inkl. Sojabohnen), Sojamilch, Tofu, Keimlinge und Sprossen, Algen, Pilze (Austernpilze und Shiitakes), Nüsse sowie Milch und Milchprodukte (Joghurt, Quark usw.) und Eier.

Kohlenhydrate

Was das Benzin für das Auto ist, sind die Kohlenhydrate für unseren Körper. Sie liefern uns rasch und effektiv Energie, die wir brauchen, um hochkonzentriert und leistungsfähig zu sein. Kohlenhydrate sind eigentlich keine essenziellen Nahrungsbestandteile, da sie im Stoffwechsel des Menschen auch aus Fetten, Aminosäuren und Milchsäure (Laktat) hergestellt werden können. Allerdings können das Gehirn, das zentrale Nervensystem, die roten Blutkörperchen und die Geschlechtsorgane am besten ihre Energie aus der Glukose, dem kleinsten Baustein der Kohlenhydrate, ziehen. Sie beanspruchen jeden Tag etwa 100 Gramm Glukose. Deshalb ist es sinnvoll, eine ausreichende Menge an Kohlenhydraten zuzuführen, um den Körper zu unterstützen. Wobei der Körper über die Möglichkeit verfügt, etwas Glukose zu speichern und zwar in Form von Glykogen. Der Gesamtglykogenspeicher des Menschen beträgt zirka 400 Gramm, was etwa für die Versorgung für einen Tag reicht. Bei einer vegetarischen Kost ist die Aufnahme von Kohlenhydraten im Allgemeinen höher als bei einer normalen Kost. Dabei steigt vor allem die Zufuhr an Polysacchariden (Mehrfachzuckern) wie z.B. Stärke im Vergleich zu den Monosacchariden (Einfachzuckern). Der vermehrte Verzehr von Getreideprodukten, Früchten und Gemüse führt gleichzeitig zu einer Erhöhung der Ballaststoffzufuhr.

> Wir nehmen Kohlenhydrate zum Beispiel über Brot, Nudeln, Kartoffeln, Zucker, Gemüse und Obst in unserer täglichen Ernährung auf.

Stärke ist willkommen

Die wichtigsten Kohlenhydrate in der menschlichen Ernährung sind die Polysaccharide, zu denen die Stärke zählt. Stärkemoleküle sind lange Glukoseketten, die sowohl flächenförmig (Amylopektin) als auch spiralförmig (Amylose) angeordnet sind. Glukose wird im Darm in die Blutbahn resorbiert und ist verantwortlich für das Ansteigen des Blutzuckerspiegels und der damit verbundenen Insulinausschüttung. Je nachdem, in welcher Form Glukose zur Verfügung steht, steigt der Blutzuckerspiegel schneller oder langsamer an. Wird Glukose in Form von Einfachzuckern (Monosacchariden, z. B. Traubenzucker) oder als Zweifachzucker (Disaccharide, z. B. Haushaltszucker) zugeführt, dann »schießt« sie ins Blut. Kohlenhydrate mit einem hohen Anteil an Amylose hingegen lassen die Glukose langsam ins Blut »sickern«, da Amylose insgesamt schwerer aufgespalten wird.

Glykämischer Index und glykämische Last

Die Einteilung der Kohlenhydrate in »gute« und »schlechte« Kohlenhydrate wird häufig an dem glykämischen Index gemessen. Nahrungsmittel mit einem hohem glykämischen Index sind demnach ungünstiger, da sie zu einer hohen Insulinausschüttung führen.

Verschiedene Einflussgrößen

Wie schnell die Kohlenhydrate eines Lebensmittels aufgespalten werden und in der Blutbahn als Zucker auftauchen, ist abhängig von:
► der Verteilung des Amylose- und Amylopektingehalts der enthal-

> Der glykämische Index wird anhand der Fläche, die unterhalb der Blutzuckerkurve entsteht – nach dem Verzehr von kohlenhydratreichen Lebensmitteln – berechnet. Dabei dient als Referenzwert die Blutzuckerkurve von Glukose, deren glykämischer Index 100 beträgt.

»Gute« und »schlechte« Kohlenhydrate

Die Umwandlung in Blutzucker – je langsamer desto besser

Zucker, zuckerhaltige Getränke, Fruchtsäfte	► ► ► ► ► schießen ins Blut
Weißmehlprodukte, Obst	► ► ► ► strömen ins Blut
Vollkornprodukte, Kartoffeln, Reis	► ► ► fließen ins Blut
Milch, Joghurt, Dickmilch	► ► tropfen ins Blut
Gemüse, Hülsenfrüchte	► sickern ins Blut

LEBENSMITTEL UNTER DER LUPE

tenen Stärke. Stärkehaltige Lebensmittel mit einem hohen Gehalt an Amylose (z. B. Roggen) werden langsamer aufgespalten als jene mit einem hohen Anteil an Amylopektin (z. B. Weizen).

▶ dem Ballaststoffgehalt eines Lebensmittels. Bei einem ballaststoffreichen Lebensmittel dauert der Verdauungsvorgang wesentlich länger, da der Körper erst die faserhaltigen Pflanzenstoffe abspalten und entfernen muss, bevor er an die Stärkekörner herankommen kann. Dadurch findet die Resorption der Glukosebausteine ins Blut nur langsam statt.

▶ dem Fettgehalt eines Lebensmittels. Fett hat die Eigenschaft, dass es schwerer verdaut wird als Kohlenhydrate. Dieser Effekt kommt beispielsweise zum Tragen, wenn wir stärkehaltige Nahrungsmittel mit Fett kombinieren (z. B. Kartoffelpüree). Während der Zubereitung werden Kohlenhydratketten aufgespalten und diese Stärkebausteine bei der Zugabe von wenig Fett von diesem umschlossen. Der Körper muss jetzt erst das Fett auf die Seite »schaufeln«, bevor er die Kohlenhydratketten weiter aufspalten kann. Das bewirkt eine langsamere Resorption der Glukose.

▶ der Zubereitung und Verarbeitung eines Lebensmittels. Je stärker ein Lebensmittel verarbeitet wird, desto stärker werden die Kohlenhydratketten aufgespalten. Dem Körper wird sozusagen ein Teil seiner Arbeit abgenommen. Durch die Zubereitung bzw. Verarbeitung wird das Lebensmittel »vorverdaut«, und entsprechend schneller kann der Organismus die restlichen kurzen Kohlenhydratketten aufspalten. Das hat zur Folge, dass die Glukose schneller resorbiert wird.

▶ dem Flüssigkeitsgehalt bzw. Konsistenz des Lebensmittels. Apfelsaft hat einen weitaus höheren glykämischen Index als die gleiche Menge frischer Äpfel. Durch das Auspressen bzw. Entsaften des Apfels werden die faserhaltigen Stoffe entfernt und gleichzeitig viele Einfach- und Zweifachzucker freigesetzt.

Ballaststoffe haben insgesamt einen positiven Einfluss auf die Darmflora und den pH-Wert im Darm. Zudem regen ballaststoffreiche Lebensmittel die Kautätigkeit und den Speichelfluss an. Beides ist wichtig für die Zahnerhaltung und Vorverdauung der Speisen.

DIE GLYKÄMISCHE LAST GIBT AUSKUNFT

Vollkornbrot liefert wertvolle Ballaststoffe für die Verdauung.

Daher ist es insgesamt sinnvoller, die Lebensmittel nach der glykämischen Last zu beurteilen. Bei der Berechnung der glykämischen Last werden sowohl der Kohlenhydratanteil in der vorliegenden Portion wie auch der glykämische Index der kohlenhydrathaltigen Nahrungsmittel einbezogen. Dadurch kann die Einschätzung der tatsächlichen Glukose-Belastung durch typische Portionsgrößen besser erfasst werden.

Ballaststoffe

Ballaststoffe zählen zu den natürlichen Bestandteilen von Lebensmitteln pflanzlicher Herkunft, während tierische Lebensmittel frei von Ballaststoffen sind. Ballaststoffe wurden lange Zeit, wie man aus dem Namen schon ersehen kann, als für den Organismus völlig wertlos angesehen. Man war davon überzeugt, dass die Pflanzen-

Vorsicht! Nicht alles, was nach Vollkorn aussieht oder so bezeichnet wird, ist auch Vollkorn. Ein Brot, in das ein paar Körner oder Getreideflocken eingebacken sind, ist noch lange kein Vollkornbrot. Wenn helles Brot mit Malz oder Zuckercouleur zubereitet wird, sieht es dunkler aus – ist aber kein Vollkornbrot.

LEBENSMITTEL UNTER DER LUPE

fasern für den Organismus eine Belastung darstellen, da die Ballaststoffe nicht verdaut werden, keine Energie liefern und auch sonst, angeblich, für nichts zu gebrauchen sind. Doch weit gefehlt. Ballaststoffe sind für unser Wohlergehen äußerst wichtig. Sie sind weder überschüssig noch könnte der Körper auf sie verzichten. Chemisch betrachtet, sind Ballaststoffe Mehrfachzucker (Polysaccharide) und damit Kohlenhydrate. Sie sind sozusagen das Gerüst, das Skelett der Pflanze. Wie die Fische die Gräten und die Menschen die Knochen besitzen, um eine gewisse Stabilität zu erreichen, haben die Pflanzen die Pflanzenfasern (Ballaststoffe), wie es beispielsweise Zellulose, Hemizellulose und Pektin sind.

Aufgaben der Ballaststoffe

Ballaststoffe wirken im Magen-Darm-Trakt unterschiedlich. Zum einen dienen sie als Quellstoffe und sorgen im Magen für ein wohliges Sättigungsgefühl. Zum anderen regen sie die Darmbewegung an, werden aber dabei selbst nur zu einem geringen Teil verdaut. Ballaststoffe beeinflussen die Resorption der einzelnen Nahrungsbestandteile im Dünndarm. Das führt so weit, dass bei einer ballaststoffreichen Ernährung weniger Zucker aufgenommen wird. Man unterscheidet zwischen wasserlöslichen und wasserunlöslichen Ballaststoffen. Wasserlösliche Ballaststoffe binden überschüssiges Wasser im Darm, können Cholesterin im Darm an sich binden und helfen die Blutfettwerte zu senken. Man findet sie in Apfelschalen, Blumenkohl, Möhren, Kohl, Roggen, Rosenkohl und Weizenkleie. Wasserunlösliche Ballaststoffe wirken vor allem im Darm und dienen dort als Bakterienfutter. Die Mikroorganismen setzen aus den Ballaststoffen Fettsäuren und Gase frei, die wiederum die Darmtätigkeit anregen. Wasserunlösliche Ballaststoffe sind z. B. in Apfelmark, Bohnen, Erdbeeren, Gerste, Haferkleie, Reiskleie und Zitrusfrüchten enthalten.

> Die Empfehlung der DGE (Deutsche Gesellschaft für Ernährung), täglich mindestens 30 Gramm Ballaststoffe aufzunehmen, wird nur selten erreicht. In der Realität nehmen die Deutschen durchschnittlich lediglich 20 bis 22 Gramm Ballaststoffe pro Tag auf.

FÜR EINEN GESUNDEN DARM

Ballaststoffgehalt einiger Lebensmittel

Lebensmittel	Ballaststoffgehalt *
Weizenkleie	49
Leinsamen	39
Kichererbsen, getrocknet	21
Haferkleie	19
Aprikosen, getrocknet	17,3
Weizenkeime	17
Roggenknäckebrot	14,1
Feigen, getrocknet	13
Weizenvollkornmehl	13
Topinambur	12,1
Artischocke	10,8
Kidneybohnen	8
Vollkornnudeln	8
Weiße Bohnen	7,5
Erdnüsse	7
Bauernbrot	6
Roggenmischbrot	6
Rosinen	6
Pflaumen, getrocknet	5
Grünkohl	4,2
Erbsen, gekocht	4
Rosenkohl	4
Brokkoli, gekocht	3
Kartoffeln	1,7

*in Gramm pro 100 Gramm Lebensmittel

Quelle: GU Klevers Kompass, www.bewusst-einkaufen-gesund-leben.de und netdoktor.de

Reich an Ballaststoffen sind Vollkorngetreide und daraus hergestellte Produkte sowie Hülsenfrüchte, Nüsse und auch Trockenobst. Frisches Obst und Gemüse enthalten auch Ballaststoffe, allerdings weniger im Verhältnis als Getreide, da sie viel Wasser in ihren Zellen speichern.

Tägliche Aufnahme erwünscht

Noch vor rund hundert Jahren nahmen die Menschen täglich zirka 96 Gramm Ballaststoffe auf. Mit zunehmendem Wohlstand wurden nach und nach die pflanzlichen Lebensmittel immer ballaststoffärmer, da es als »schick« galt, lieber Weißbrot anstatt Vollkornbrot zu essen. Seit den 1930er Jahren geht der Verzehr von komplexen Kohlenhydraten und Ballaststoffen zugunsten von Eiweißen, Fetten und raffinierten Kohlenhydraten (Zucker, Auszugsmehl) ständig zurück.

Chemisch betrachtet, bestehen Fette, auch Lipide genannt, aus einem Glyzerinanteil mit daran gebundenen Fettsäuren. Werden drei Fettsäuren gebunden, spricht man von Triglyzeriden.

Fette

Jahrzehntelang galt Fett als der Risikofaktor Nr. 1, wenn die Rede von Herzinfarkt, Übergewicht und anderen Zivilisationskrankheiten war. Heute weiß man, dass bei einer gesunden Ernährung auch die Fette eine entscheidende Rolle spielen. Schließlich ist Fett nicht nur ein Energielieferant, sondern auch Träger der fettlöslichen Vitamine. Zudem wird Fett zum Aufbau von Hormonen benötigt und ist ein wichtiger Bestandteil der Zellmembranen im Körper. Ohne Fett bleiben unsere Zellen nicht lange gesund.

Es gibt unterschiedliche Fettsäuren

Ernährungswissenschaftler unterscheiden zwischen gesättigten, einfach ungesättigten und mehrfach ungesättigten Fettsäuren. Gesättigte Fettsäuren und einfach ungesättigte Fettsäuren kann der Körper selbst synthetisieren, d.h. sie müssen nicht unbedingt mit der Nahrung zugeführt werden. Im Mittelpunkt des Interesses vieler Forschungen stehen deshalb die langkettigen Omega-3- und Omega-6-Fettsäuren, die als essenzielle Fettsäuren vom Körper selbst nicht hergestellt werden können und daher täglich in ausreichender Menge mit der Nahrung aufgenommen werden müssen.

Kurz- und mittelkettige Fettsäuren

Neuerdings machen aber auch kurz- und mittelkettige Fettsäuren von sich reden: jene, die aus acht bis zwölf C-Atomen aufgebaut sind. Sie gehören zu den gesättigten Fettsäuren und nehmen eine gesonderte Stellung ein. Viele Eigenschaften, für welche die langkettigen Fettsäuren bekannt sind, wie z. B. die hohe Energiedichte und damit viele Kalorien, die vom Körper sehr leicht als Depotfett gespeichert werden können, gelten für die kurz- und mittelkettigen Fettsäuren nicht. Das liegt einerseits daran, dass sie nicht die Vielzahl von fettspaltenden Enzymen benötigen, andererseits daran, weil sie wasserlöslich sind. Normalerweise vermischen sich Fett und Wasser nicht und müssen deshalb in Lipoproteinhüllen (Fett-Eiweiß-Hüllen) verpackt werden, um über das Lymphsystem in die Blutbahn eingeschleust zu werden. Bei den kurz- und mittelkettigen Fettsäuren ist das nicht nötig, weil sie aufgrund ihrer kleineren molekularen Struk-

> Fettsäuren bestehen aus Kohlenstoffatomen (C), die wie Ketten aneinander gereiht sind. Kurzkettige Fettsäuren bestehen aus vier bis sechs, mittelkettige aus acht bis zwölf und langkettige aus 14 bis 24 C-Atomen.

Bei Öl auf Abwechslung achten: Für Salate eignen sich Olivenöl, Rapsöl, Leinöl und Walnussöl gut.

tur direkt über die Pfortader ins Blut eingeschleust werden können. Kurz- und mittelkettige Fettsäuren werden vom Körper ähnlich wie Kohlenhydrate behandelt und liefern direkt Energie und Wärme. Sie heben den Grundumsatz an, was bedeutet, dass sie auch im Ruhezustand mehr Kalorien verbrennen. In Maßen genossen, wirken sie sich positiv auf den Körper aus. Sie kommen vorwiegend in Kokos- und Palmöl, zu kleineren Anteilen auch in Weizenkeimöl und Butter vor.

Gesättigte Fettsäuren

Omega-3-Fettsäuren wirken sich positiv auf die Gesundheit aus. Sie sind bedeutsam für das Blutfettsystem, die Fließeigenschaften des Blutes und unterstützen z. B. die Senkung der Cholesterin- und Triglyzeridspiegel.

Die gesättigten Fettsäuren gelten allgemein als ungesund und schädlich für den Organismus. Heute weiß man jedoch, dass die gesättigten Fettsäuren in geringen Mengen auch für den Körper von Nutzen sind. So polstern sie beispielsweise die inneren Organe ab, sind für den reibungslosen Kalziumstoffwechsel im Knochen unerlässlich und wichtig für das Nervensystem. In der Küche haben die gesättigten Fettsäuren im Vergleich zu den ungesättigten Fettsäuren die positive Eigenschaft, dass sie hitzestabil, sauerstoff- und lichtunempfindlich sind und daher gut zum Erhitzen, Braten und Frittieren eingesetzt werden können.

Mehrfach ungesättigte Fettsäuren

Die mehrfach ungesättigten Fettsäuren kann der Körper selbst nicht herstellen, sie müssen mit der Nahrung täglich zugeführt werden. Man bezeichnet sie deshalb auch als essenziell (lebensnotwendig). In erster Linie profitieren die Zellwände vom Vorhandensein der essenziellen Fettsäuren, da diese hier eingelagert werden und die Zellwände dadurch beweglich bleiben. Die Zellwandstruktur bleibt erhalten und somit auch die Rezeptoren, an denen dann entsprechende Hormone »andocken« können, etwa das Insulin, um Glukose in die Zelle zu schleusen, damit diese dort verbrannt wird. Bei den mehrfach ungesättigten Fettsäuren unterscheidet man zwischen den Omega-3-Fettsäuren und den Omega-6-Fettsäuren. Der Fokus sollte sich auf die Omega-3-Fettsäuren richten, da es nur wenige natürliche Lebensmittel gibt, die sie enthalten. Solch eine Fettsäure ist die pflanzliche Alpha-Linolensäure, die vorwiegend und reichlich in Leinöl, Rapsöl und Walnussöl zu finden ist. Der Körper benötigt aber noch andere ungesättigte Fettsäuren, nämlich die Eicosapenta-en- und die Docosahexaensäure. Diese kann man entweder mit fett-reichen Fischen wie Makrele, Thunfisch, Lachs und Hering direkt auf-nehmen und verwerten, oder der Körper baut sie aus der pflanzlichen Alpha-Linolensäure auf. Diese Umwandlung verläuft beim Menschen allerdings langsam und ist limitiert. Das hat zur Folge, dass von der aufgenommenen Menge an pflanzlicher Alpha-Linolensäure ledig-lich 10 Prozent umgebaut werden.

Omega-6-Fettsäuren sind stark vertreten in pflanzlichen Ölen, etwa in Distel-, Son-nenblumen-, Mais-keim-, Weizenkeim- und Traubenkernöl. Aber auch Fleisch und Milchprodukte enthalten Omega-6-Fettsäuren.

Wirkungen von Fettsäuren im Körper

Fettsäuren haben je nach Art unterschiedliche Wirkungen im Stoff-wechsel. Ein wichtiger Unterschied besteht zwischen den essen-ziellen Omega-3- und Omega-6-Fettsäuren. Beide Fettsäuren werden

Welche Fette sind im Küchenalltag sinnvoll?

Kalt gepresste Öle (z. B. Olivenöl, Rapsöl, Walnussöl) mit reichlich ungesät-tigten Fettsäuren sind ideal für die kalte Küche, Salate und Rohkostplatten.
Kokosöl, Olivenöl, Sesam- und **Erdnussöl** eignen sich zum Kochen und Braten.
Butter ist trotz des hohen Anteils an gesättigten Fettsäuren ungeeignet zum Erhitzen, eignet sich in geringen Mengen aber als natürlicher Brotaufstrich.
Margarine mit gehärteten und teilgehärteten Fetten sollte aus der Küche verbannt werden, aufgrund des hohen Anteils an Transfettsäuren.

im Organismus weitgehend von den gleichen Enzymen weiterverarbeitet, aber zu unterschiedlichen Stoffen umgebaut. Omega-6-Fettsäuren werden in erster Linie für das Wachstum, zur Wundheilung oder Infektionsabwehr benötigt. Dafür ist es aber auch notwendig, dass die beiden Fettsäuren im richtigen Verhältnis zueinander zur Verfügung stehen. Die Deutsche Gesellschaft für Ernährung (DGE) empfiehlt, ein Verhältnis Omega-3- zu Omega-6-Fettsäuren von 1:5 (derzeitiger Ist-Zustand in Deutschland ist 1:20!). Diese Empfehlung ist schwer durchführbar, da es weit mehr Lebensmittel sowohl pflanzlichen als auch tierischen Ursprungs gibt, die mehr Omega-6-Fettsäuren enthalten als jene, die Omega-3-Fettsäuren enthalten.

Wichtige Vitalstoffe für Vegetarier

Unter den Begriffen Vitamin B12 und Cobalamin werden vier ähnlich aufgebaute Verbindungen zusammengefasst, die zwar wasserlöslich sind und dennoch in der Leber gespeichert werden.

Wer auf Fisch und Fleisch in der täglichen Ernährung verzichtet, muss besonderes Augenmerk auf jene Inhaltsstoffe legen, welche die tierische Kost ansonsten liefert.

Vitamin B12

Cobalamin ist der etwas weniger bekannte Name von Vitamin B12. Dieses Vitamin wird ausschließlich von tierischen Organismen und Mikroorganismen hergestellt und ist deshalb auch kaum in pflanzlichen Produkten zu finden. Da Vitamin B12 nicht von Pflanzen gebildet werden kann, wird immer wieder die Frage diskutiert, inwieweit eine rein pflanzliche Ernährung eine ausreichende Versorgung des Vitamins ermöglicht. Eine Ausnahme bildet milchsauer vergorenes Gemüse wie z. B. Sauerkraut, denn zu seiner Herstellung produzieren die Milchsäurebakterien, die den Kohl vergären, Vitamin B12. Traditionelle asiatische Speisen wie Miso und Tempeh sowie Algen und Spirulina enthalten auch Vitamin B12.

WICHTIG FÜR
DIE BLUTBILDUNG

Sauerkraut – milchsauer vergorener Weißkohl – ist ideal für Vegetarier, denn es liefert Vitamin B12.

Funktionen von Vitamin B12 im Körper

Der Mensch hat einen Speichervorrat an Vitamin B12 für mehrere Jahre, der durch unzureichende Vitamin-B12-Aufnahme oder aufgrund von einer Erkrankung relativ schnell aufgebraucht sein kann. Auch Fleischesser können einen Mangel an Vitamin B12 bekommen, wenn nicht ein spezielles Transporteiweiß, der Intrinsic-Faktor, der in der Magenschleimhaut gebildet wird, ausreichend vorhanden ist. Dieses Eiweiß bindet Vitamin B12 an sich, und so kann Vitamin B12 über die Darmschleimhaut ins Blut gelangen. Vitamin B12 wird im Organismus zur Bildung von roten Blutkörperchen benötigt. Außerdem ist Vitamin B12 ein wichtiger Bestandteil der Nukleinsäure (DNS). Die Eisenverwertung und die Produktion von Acetylcholin, einem wichtigen Nervenbotenstoff, werden durch Vitamin B12 gefördert. Ein Mangel an Vitamin B12 in der Nahrung über Jahre hinweg führt zu Schäden an den roten Blutkörperchen und dem Nervensystem.

Vitamin B12 ist sehr hitzeempfindlich, d. h. bei der Zubereitung von Speisen gehen erhebliche Mengen verloren. Milch verliert zirka 30 Prozent ihres Vitamin-B12-Gehaltes, wenn sie 2 Minuten gekocht wird.

LEBENSMITTEL
UNTER DER LUPE

Kalzium

Kalzium ist der mengenmäßig wichtigste Mineralstoff im menschlichen Organismus. Der weitaus größte Anteil des Kalziums ist in Zähnen und Knochen eingelagert, nur etwa 1 Prozent kommt im Blut und in anderen Geweben vor. Zugleich ist das Mineral an vielen lebenswichtigen Prozessen wie den Nerven- und Muskelfunktionen maßgeblich beteiligt. Wird der tägliche Bedarf an Kalzium nicht über die Nahrung gedeckt, bedient sich der Organismus zwangsläufig an seinem Kalziumspeicher – den Knochen. Das macht das Knochengerüst auf Dauer brüchig. Deshalb hat die Ernährung einen nicht zu unterschätzenden Einfluss auf unseren Kalziumhaushalt. Die Kalziumzufuhr sollte für Vegetarier kein Problem darstellen. Grünes Gemüse – beispielsweise Brokkoli, Grünkohl, Petersilie, Fenchel und Porree – sowie Sojaprodukte und Sesam, Mandeln und Haselnüsse enthalten reichlich Kalzium. Ovo-Lakto-Vegetarier sind zudem über Milch und Milchprodukte, wie Käse, Joghurt und Quark, gut versorgt.

> Eine optimale Versorgung mit Kalzium ist für Vegetarier mit einer Ernährung nach Metabolic Balance® leicht zu erreichen.

Nahrungsbestandteile, die die Resorption hemmen

Trotz ausreichender Kalziumzufuhr kann der Körper ungenügend versorgt werden, da es Lebensmittel und Getränke gibt, die die Aufnahme des Kalziums aus der Nahrung blockieren. Dazu zählen Phosphat, Magnesium und Oxalsäure. Phosphat wird häufig Fertigprodukten und Colagetränken in größeren Mengen zugesetzt, ist aber auch natürlicherweise in Getreide vorhanden. Das optimale Verhältnis Phosphat zu Kalzium sollte bei 1,5:1 liegen, so kann das Kalzium ohne Probleme aufgenommen werden. Oxalsäure kommt reichlich in Mangold, Spinat, Rhabarber und Schokolade vor. Auch Inhaltsstoffe in Kaffee und Tee können die Aufnahme von Kalzium blockieren, indem sie mit Kalzium unlösliche Verbindungen eingehen und diese dem Körper nicht mehr zur Verfügung stehen.

Eisen

Eisen ist wichtig für den Stoffwechsel und das Wachstum fast aller Lebensformen auf der Erde. Der erwachsene Mensch enthält 3 bis 5 Gramm Eisen, hauptsächlich gebunden im roten Blutfarbstoff Hämoglobin und in einer ganzen Reihe von anderen Eiweißstoffen. Praktisch jeder Stoffwechselweg im Körper enthält Enzyme, die Eisen als Zentralatom benötigen.

Bioverfügbarkeit

Pflanzliches Eisen wird vom Organismus sehr viel schwerer aufgenommen als tierisches Eisen. Ursache hierfür ist, dass das in den pflanzlichen Lebensmitteln enthaltene Eisen dreiwertig ist und teilweise fest an bestimmte Kohlenhydrate gebunden ist. Um aufgenommen werden zu können, muss das pflanzliche Eisen in freier, ionischer Form im Darmsaft erscheinen und eine gewisse Zeit löslich bleiben. Dies ist aufgrund des neutralen pH-Wertes des Darmtraktes extrem schwer. Man spricht hier von einer schlechten Bioverfügbarkeit. Das tierische Eisen, z. B. enthalten in Fleisch, Fisch und Geflügel, ist vorwiegend an Proteine gebunden (z. B. Hämoglobin) und wird

Zur besseren Resorption muss dreiwertiges Eisen in zweiwertiges Eisen umgewandelt werden.
Diese chemisch als Reduktion bezeichnete Umwandlung geschieht im sauren Milieu. Deshalb ist es ratsam, eisenhaltige Gemüsearten mit Vitamin-C-reichen Nahrungsmitteln zu kombinieren.

Bioverfügbarkeit von Eisen

Erhöht die Eisenaufnahme	Verringert die Eisenaufnahme
Vitamin-C-reiche Ernährung	Oxalsäure (z. B. in Spinat, Mangold, Kakao, Rhabarber)
Zitronensäure	Teegenuss (bis 1 Stunde nach Mahlzeit)
Leere Eisenspeicher	Säureblocker für Magen (Antazida)
	Phytin (Hafer, Weizenbrot)

Quelle: www.inform24.de/vegetarisch.html

aufgrund spezifischer Rezeptoren der Darmzellen sehr viel leichter aufgenommen. Die Bioverfügbarkeit ist allerdings noch von weiteren Faktoren abhängig. Einen Einfluss auf die Bioverfügbarkeit von Nahrungseisen haben z. B. pflanzliche Polyphenole, wie sie z. B. in Tee, Kaffee und Hülsenfrüchten vorkommen, denn die blockieren die Eisenaufnahme. Im Gegensatz zu Vitamin C, das die Eigenschaft hat, die Nährstoffaufnahme zu stimulieren, insbesondere von Eisen, Kalzium und Magnesium.

Zink

Zink hat im Vergleich zu den anderen Mineralstoffen Eisen, Magnesium und Kalzium lange Zeit ein stiefmütterliches Dasein gefristet. Heute weiß man, dass Zink ein essenzielles Spurenelement ist und als Bestandteil von mehr als 200 Enzymen an verschiedenen Stoffwechselvorgängen beteiligt ist. Zink ist u. a. aktiv an der Verdauung der Kohlenhydrate und von Eiweiß beteiligt, steuert die Produktion von Insulin und fördert das Haarwachstum. Bedeutsame Zinklieferanten sind Fleisch, Milchprodukte und Vollkornerzeugnisse. Eier, Fisch sowie Schalentiere tragen ebenfalls maßgeblich zur Bedarfsdeckung bei. Unter den Gemüsearten kann man Pastinaken, Brokkoli, Rosenkohl, Zwiebeln und Löwenzahn als besonders zinkreich bezeichnen. Allerdings ist das Zink in den pflanzlichen Nahrungsmitteln häufig nur in gebundener Form vorhanden. Diesen Zink-Komplex kann der Körper nur schwer spalten, d. h. es werden lediglich 10 Prozent des enthaltenen Zinks verwertet. Für Veganer und Vegetarier sind Keimlinge, Sprossen, eingeweichtes Getreide und Hülsenfrüchte die wertvollsten Zinkquellen. Durch den Keimvorgang bzw. durch das Einweichen wird ein Großteil des Zink-Komplexes verändert und ist so für den Organismus leichter aufzuspalten. Als Ursache wird eine Verminderung des Phitinsäureanteils angegeben.

> Die in Getreide vorkommende Phytinsäure hemmt die Resorption von Zink, da sie das Spurenelement bindet und zur Ausscheidung bringt. Wer zu seinem Vollkornbrot Milch oder Milchprodukte verzehrt, verbessert die Zinkaufnahme.

Vitamin D

Vitamin D können wir zum einen über die Ernährung aufnehmen, zum anderen kann es aber der Organismus mit Hilfe des Sonnenlichts (UV-Strahlen) auch selbst herstellen. Vitamin D in größeren Mengen findet man vor allem in fettreichen Fischen sowie in dem früher oft verabreichten Lebertran. Doch auch Vegetarier können sich gut mit Vitamin D über die Nahrung versorgen, wenn sie Eier – Eigelb ist reich an Vitamin D –, Milchprodukte und Pilze verzehren. Auch Avocados sind reich an diesem knochenbildenden Vitamin, das den gesamten Kalziumhaushalt des Körpers regelt und damit dafür sorgt, dass unsere Knochen wachsen können und stabil bleiben.

Die Ernährungspyramide besagt, dass die Basis der täglichen Ernährung reichlich Gemüse, zubereitet mit hochwertigen Ölen, und Obst sein sollte. Auf dem täglichen Speiseplan dürfen zudem eiweißhaltige Nahrungsmittel wie Käse, Milch, Nüsse und Hülsenfrüchte nicht fehlen. Außerdem wird in Maßen Vollkorngetreide in Form von Vollkornbrot und Vollkornmüsli empfohlen. Süßigkeiten und Backwaren aus weißem Mehl sollten dagegen – wenn überhaupt – nur selten verzehrt werden.

Die Ernährungspyramide

modifiziert für Metabolic Balance® Ovo-Lakto-Vegetarier

4 **Stufe** Süßigkeiten, Kuchen, Auszugsmehl

3 **Stufe** Vollkorngetreide, Vollkornbrot, Müsli

2 **Stufe** Eiweißhaltige Nahrungsmittel: Hülsenfrüchte – v.a. Sojabohnen und daraus hergestellte Produkte (Tofu, Sojamilch, Sojajoghurt) –, Käse, Eier, Milch, Nüsse, Pilze (Austernpilze und Shiitakes), Sprossen und Keimlinge, Körnermischung, Algen

1 **Stufe** reichlich Gemüse, Obst, hochwertige Öle (2 bis 3 Esslöffel/Tag)

metabolic balance

Zu einer ausgewogenen Ernährung gehört auch das Trinken von viel Wasser.

Hülsenfrüchte und daraus hergestellte
Produkte sowie Pilze, Sprossen und Keime
sind aus vegetarischen Speiseplänen
kaum mehr wegzudenken.

Kleine Warenkunde

Wissenswertes über
pflanzliche Eiweißlieferanten

Abwechslungsreiche Kost

Raffiniert und kreativ zu kochen ist ein Aushängeschild der vegetarischen Küche. Herzhafte Speisen, mit Kräutern und Gewürzen fein gewürzt, lassen sich mit den folgenden Zutaten gut zubereiten.

Hülsenfrüchte

Hülsenfrüchte sind zunehmend in Vergessenheit geraten, waren sie doch einst das Essen der armen Leute. Dabei liefern sie wertvolle Inhaltsstoffe und sind seit jeher eine wichtige Eiweißquelle in der menschlichen Ernährung. Hülsenfrüchte enthalten zudem komplexe, langkettige Kohlenhydrate, die nur langsam aufgenommen werden und so weniger den Blutzuckerspiegel belasten. Reichlich ist auch das Angebot an B-Vitaminen, Mineralstoffen und Spurenelementen, allen voran Kalzium, Kalium und Eisen. Zudem werden die reichlich in ihnen enthaltenen löslichen Ballaststoffe und sekundären Pflanzenstoffe geschätzt.

Hülsenfrüchte aus kontrolliert biologischem Anbau sind besonders aromatisch und weisen so gut wie keine Schadstoffrückstände in Form von Pestiziden auf.

Natürliche Schadstoffe

Hülsenfrüchte bieten viele gesunde Inhaltsstoffe, aber sie enthalten auch einige giftige Stoffe. Dazu zählen z. B. Lektine und Hämagglutinine. Deshalb sind sie auch nicht für den Rohverzehr geeignet.

Lektine

Lektine sind aus Eiweiß (Proteine) und Kohlenhydraten aufgebaut, den sogenannten Glykoproteinen. Lektine sind für den Organismus giftig. Daher ist auch das Einweichen und anschließende Kochen der Hülsenfrüchte so wichtig, da durch das Kochen die Lektine weitgehend abgebaut werden. Anders verhält es sich mit den Lektinen im

Glukosesirup. Glukosesirup, der aus Mais- oder Weizenstärke gewonnen wird, enthält Lektine, die beim Kochen nicht abgebaut werden. Diese Lektine sollen mitverantwortlich sein für Allergien, Morbus Crohn und Schädigungen der Darmflora.

Hämagglutinine

Bei den Hämagglutininen handelt es sich ebenso um Eiweißstoffe, die im Organismus ein »Zusammenballen« der roten Blutkörperchen verursachen. Hämagglutinine – wie das in der grünen Gartenbohne enthaltene Phasin – werden durch 15-minütiges Kochen abgebaut. Lässt man Hülsenfrüchte auskeimen, erhält man die in der vegetarischen Küche so beliebten Sprossen. Beim Keimvorgang von Hülsenfrüchten werden die giftigen Stoffe schon teilweise abgebaut. Dennoch gibt es einige Keimlinge, wie z. B. Soja- und Kichererbsensprossen, die vor dem Verzehr noch kurz blanchiert werden müssen.

> Hülsenfrüchte sind das ganze Jahr erhältlich. Es handelt sich um Samen mit besonders langer Lagerfähigkeit.

Dies gilt es zu beachten

Bei der Verwendung von Hülsenfrüchten gilt Folgendes:

▸ **Einweichen.** Mit Ausnahme der Linsen müssen Hülsenfrüchte vor dem Kochen eingeweicht werden. Die Einweichdauer sollte 6 bis 12 Stunden betragen und ist abhängig vom Alter der Samen und auch vom Härtegrad des Wassers. Es sollte kaltes Wasser verwendet werden. Limabohnen ist eine Hülsenfruchtart, die einen hohen Anteil an Blausäure enthält, daher ist es ganz wichtig, ihr Einweichwasser wegzuschütten und die Limabohnen mit frischem Wasser zu kochen. Dabei sollten die Bohnen immer gut mit Wasser bedeckt sein.

▸ **Schaum.** Während des Garens kann sich Schaum bilden. Dies ist völlig normal. Man kann den Schaum abschöpfen oder aber auch durch Zugabe von 1 Teelöffel Öl reduzieren. Muss während des Kochvorgangs noch Wasser nachgegossen werden, so empfiehlt es sich,

KLEINE WARENKUNDE

Beliebte Hülsenfrüchte

	Sorte	Merkmale	besonders geeignet für
1	Adzukibohnen	klein, rot, werden beim Kochen sehr zart, leicht süßlicher Geschmack	Suppen, Reisgerichte
2	Dicke Bohnen Saubohnen Puffbohnen	groß, leicht abgeplattet, leicht süßlicher Geschmack	Suppen, Eintöpfe
3	Feuerbohnen Prunkbohnen Türkenbohnen	rot-schwarz gesprenkelt, zerfallen leicht beim Kochen	Püree, Eintöpfe, Salate
4	Kidneybohnen	rot, mehlig, süßlicher Geschmack	Eintöpfe, Salate
5	Limabohnen	weiß-gelb bis dunkelbraun, mehlig bis festkochend	Salate, Gemüsegerichte
6	Marmorbohnen	rot-weiß, kein Zerfall beim Kochen	Eintöpfe, Salate
7	Mungobohnen	grünlich, ihre Keimlinge sind die bekannten »Sojasprossen«	Reisgerichte, Suppen, Salate
8	Schwarzaugenbohnen	gelblich mit schwarzem »Auge«	Püree, Suppen, Eintöpfe
9	Schwarze Bohnen	außen schwarz, innen weiß, süßlich-würziger Geschmack	Eintöpfe, Püree
10	Sojabohnen	gelblich, rundlich, werden kaum mehlig beim Kochen	Sojamilch, Tofu, Beilage, Salate
11	Wachtelbohnen Pintobohnen	rotbraun-beige gesprenkelt, mehlig, herzhafter Geschmack	Suppen, Eintöpfe, Salate, Beilage
12	Weiße Bohnen	weiß, klein	Püree, Eintöpfe, Salate
13	Belugalinsen	schwarz, sehr aromatisch	Suppen, Eintöpfe, Salate
14	Berglinsen	braungrün, kräftiger Geschmack	Suppen, Eintöpfe, Salate
15	Tellerlinsen	klein, werden beim Kochen sämig	Suppen, Eintöpfe, Salate
16	Gelbe Linsen	gelb	Suppen, Eintöpfe, Salate
17	Rote Linsen	rot, geschälte zerfallen beim Kochen	Suppen, Eintöpfe, Salate
18	Kichererbsen	bräunlich, rund	Suppen, Püree, Hummus

heißes Wasser zu verwenden, da durch Zugabe von kaltem Wasser die Samen sich nicht mehr weich kochen lassen.

▶ **Salzen.** Hülsenfrüchte erst nach dem Garen würzen, salzen oder Essig dazugeben, sonst werden sie nicht weich.

▶ **Gewürze gegen Blähungen.** Der Verzehr von Hülsenfrüchten verursacht bei vielen Menschen Blähungen. Diese Blähungen werden durch die schwer verdaulichen Kohlenhydrate (Raffinose, Stachyose und Verbacose) verursacht. Man kann dagegensteuern, indem man die Hülsenfrüchte mit verdauungsfördernden Gewürzen wie Kümmel, Anis oder Kreuzkümmel kocht, denn das mindert die Gasbildung. Als hilfreich hat sich auch erwiesen, während des Kochens Natron zuzugeben.

Soja

Vegetariern wird der Forschungsreisende Engelbert Kaempfer ein Begriff sein. Das war derjenige, der im 17. Jahrhundert die Sojabohne nach Europa brachte. Aber erst ab Anfang des 20. Jahrhunderts baute man die Sojabohne außerhalb Asiens großflächig an. Zunächst lediglich, um sie als »grünen Dünger« unterzupflügen und somit die Bodenqualität zu verbessern. Überlieferung zufolge kennt man die Sojabohne seit rund 5000 Jahren in China und Japan, wo sie seit alters her zu den Grundnahrungsmitteln der Menschen gehört.

Geschätzte Eiweißquelle

Die Sojabohnen gehören zu der botanischen Familie der Hülsenfrüchte wie auch Erbsen, Linsen und weiße Bohnen. Durch ihren hohen Gehalt an Eiweiß sind sie eine hervorragende Proteinquelle für Vegetarier. Aber nicht nur das, auch der Fett- und Kohlenhydratgehalt sowie die in Sojabohnen enthaltenen Vitamine und Mineralstoffe

Unser Wissen über die Sojabohne hat sich gewandelt. Galt sie lange Zeit als Futtermittel für die Tiere bzw. als Düngemittel für die Böden, wird sie heute für die menschliche Ernährung hoch geschätzt. Die aus ihr hergestellten Produkte dienen als Fleischersatz.

PRAKTISCHE TIPPS FÜR
DEN KÜCHENALLTAG

Sojamilch selbst herstellen

Für 1,5 Liter Sojamilch etwa 200 Gramm getrocknete Sojabohnenkerne über Nacht (mindestens 8 Stunden) in reichlich kaltem Wasser einweichen. Am nächsten Tag das Einweichwasser wegschütten und die Sojabohnenkerne kräftig unter frischem Wasser abspülen. Die eingeweichten Bohnen in einen Dampfdrucktopf geben, gut mit Wasser bedecken und etwa 10 Minuten kochen. Den Topf öffnen und die Mischung mit einem Pürierstab oder Mixer gut pürieren. Anschließend die Sojasuppe durch ein Haarsieb, das mit einem Leinentuch ausgelegt ist, streichen und die Flüssigkeit in einem Topf auffangen. Die im Leinentuch enthaltene Masse gut ausdrücken, mit 150 Milliliter warmem Wasser nachspülen und erneut auspressen. Die entstandene Sojamilch bei mittlerer Hitze kurz aufkochen lassen. Die Sojamilch kann im Anschluss gleich verwendet werden. Oder man lässt sie abkühlen und füllt sie in einen gut verschließbaren Behälter ab. So kann die Sojamilch auch 2 bis 3 Tage im Kühlschrank aufbewahrt werden.

Die feste Masse, die im Leinentuch bei der Herstellung von Sojamilch zurückbleibt, kann man gut als Suppeneinlage verwenden oder zur Fertigung von vegetarischen Burgern nutzen. Diese Masse ist jedoch nicht geeignet, um Tofu herzustellen.

Lauwarme Sojamilch mit frisch geriebenem Ingwer ist ein erfrischendes und wohlschmeckendes Getränk, das in Asien gern an heißen Sommertagen getrunken wird.

sind beachtenswert. Soja ist zudem eine reichhaltige Quelle von pflanzlichen Hormonen mit östrogener Wirkung. Mittlerweile kann man Sojabohnenkerne und daraus hergestellte Produkte in vielen Supermärkten erhalten. Bekannte Sojaprodukte sind z. B. Sojamilch, Sojajoghurt, Tofu (natur, geräuchert oder mit Kräutern) und Tempeh.

Tofu

Die Chinesen entwickelten schon vor mehr als 3000 Jahren die Technik zur Herstellung von Tofu. Tofu wird aus Sojamilch gewonnen. Grundsätzlich wird Tofu ähnlich hergestellt wie Käse, denn er entsteht durch die Gerinnung der Sojamilch. Als Gerinnungsmittel wird Nigari eingesetzt, das nichts anderes als Magnesiumchlorid ist. Wobei Chloridverbindungen uns nicht fremd sind, denn sie sind auch bei der Eiweißverdauung in unserem Magen dafür verantwortlich, dass Eiweiß denaturiert, d.h. gerinnt, die Eiweißstrukturen werden »aufgeknackt«. Außer Nigari kann man auch Kalziumsulfat, Zitronensäure oder Essig zum Gerinnen der Sojamilch verwenden.

Wo bekommt man Tofu?

In vielen asiatischen Ländern gehört Tofu zu den Grundnahrungsmitteln. Inzwischen hat Tofu auch die westliche Küche erobert. Tofu gibt es längst nicht mehr ausschließlich in Reformhäusern oder Bioläden. Immer häufiger kann man Tofu in allen Geschmacksrichtungen in gut sortierten Supermärkten finden.

Tofu selbst herstellen

Man kann Tofu auch selbst herstellen. Es ist ganz einfach, aber leider etwas zeitaufwendig. Dazu muss man zunächst Sojamilch gewinnen wie auf Seite 45 beschrieben. 1 Liter Sojamilch auf zirka 70 °C erwärmen und 1 Teelöffel Gerinnungsmittel Nigari in 1/4 Liter kaltem Wasser auflösen. Ein Drittel des aufgelösten Gerinnungsmittels unter kräftigem Rühren zur Sojamilch geben. Die Sojamilch fängt dabei an zu gerinnen. Die Milch einige Minuten ruhen lassen. Nach der Ruhepause sieht man, wie schon ein Teil der Sojamilch geronnen ist. Jetzt vorsichtig das zweite Drittel des Gerinnungsmittels dazugeben und leicht auf der Oberfläche rühren. Anschließend die Milch wieder

---

Tofu ist ein Produkt, das sich recht vielfältig zubereiten lässt: es gibt ihn eingelegt, gebraten, frittiert, gekocht oder auch roh. Die zurückgebliebene Sojamolke wird gerne als Badezusatz und Düngemittel verwendet.

ruhen lassen. Zu guter Letzt das restliche Gerinnungsmittel dazugeben. Die Milch sollte jetzt solange ruhen, bis das Eiweiß sichtbar in
Flockenform geronnen ist. Den Sojaquark dann von der Molke tren-
nen, entweder durch Absieben oder mit Hilfe eines Schaumlöffels.
Den Sojaquark in ein Baumwolltuch einschlagen, am besten in eine
Kuchenkastenform legen, mit einem passenden Brett abdecken und
dieses mit etwas Schwerem belasten. Den Tofu etwa 30 Minuten
pressen. Je länger man den Tofu presst, desto fester wird er. Der so
hergestellte Tofu ist im Kühlschrank in einem gut verschließbaren
Behälter zirka 10 Tage haltbar. Wenn man besonders viel hergestellt
hat, ist es auch möglich, Tofu bis maximal 3 Monate einzufrieren.
Beim Einfrieren von Tofu ist allerdings zu beachten, dass er seine Konsistenz verändert und nach dem Wiederauftauen eine poröse Struk-
tur aufweist. In dieser Form nimmt er Marinaden besonders gut auf.

Sojafleisch – Fleischersatz

TVP ist ein Erzeugnis, bei dem die Faserstruktur von Fleisch nach-
geahmt ist. Ausgangsstoff für diesen Fleischersatz ist der eiweißreiche Presskuchen, der bei der Herstellung von Sojaöl als »Abfall-
produkt« entsteht. Das Verfahren beginnt mit einer mechanischen
Reinigung der Sojabohnen. Nach einer kurzen Trocknung bei 50 °C
werden die Schalenteile und Staub durch Ventilatoren entfernt. Dann
werden die Sojabohnen zweimal gepresst. Einmal kalt und dann heiß
unter Zufuhr von 80 °C heißem Wasserdampf. Dabei werden die Sojabohnen weitgehend entölt. Diese beinahe fettfreie Masse wird ange-
feuchtet und in einem Extruder unter Druck und bei Temperaturen
von 140 °C bis 160 °C in die gewünschte Form gebracht, ähnlich wie
bei der Herstellung von Puffreis oder Cornflakes. Dabei entstehen
Gebilde, die eine fleischähnliche Konsistenz aufweisen. Sie kommen
als Granulat (»Hackfleisch«) oder Stücke (»Schnitzel«) ins Regal.

Tempeh wird aus der Sojabohne gewonnen. Die Bohnen werden jedoch nicht zerdrückt, sondern durch Zugabe eines Edelpilzes (Rhizopus) fermentiert. Dabei erhält der Tempeh einen weichen weißen Flaum. Tempeh sollte möglichst frisch gekauft und zubereitet werden. Mit fortschreitender Fermentierung erhält er einen zunehmend intensiven Geschmack. In einen Plastikbeutel gewickelt, hält er sich 3 bis 5 Tage im Kühlschrank.

Pilze

Pilze als Nahrungsmittel, als kulinarischer Genuss, sind der Menschheit schon seit vielen Jahrtausenden bekannt. Allerdings hat die Forschung erst in den letzten Jahrzehnten festgestellt, dass die Pilze auch aus ernährungsphysiologischer Sicht sehr wertvoll sind. Sie sind kalorienarm, enthalten Ballaststoffe, haben einen hohen Gehalt an B-Vitaminen, Vitamin D und Mineralstoffen und sind reich an wichtigen Aminosäuren. Heute sind die meisten Pilze im Handel Zuchtpilze. Das hat den Vorteil, dass Pilze das ganze Jahr zur Verfügung stehen. Diese kultivierten Pilze gedeihen unabhängig von Witterungseinflüssen und Jahreszeiten.

> Austernpilze sind gut bekömmlich und kalorienarm. Bei Metabolic Balance® sind sie sehr beliebt, da ihr Eiweißgehalt sehr hoch ist.

Austernpilze

Austernpilze kennen wir in Deutschland seit rund 120 Jahren, und man kann sie auch gelegentlich in unseren heimischen Laubwäldern finden. Der Austernpilz lebt natürlicherweise durch die Zersetzung von Laubbäumen, d. h. seine Fruchtkörper wachsen an Stämmen toter oder geschwächter Pflanzen. Die ersten Versuche, den Austernpilz zu kultivieren, unternahmen Franzosen Anfang des 20. Jahrhunderts. Seit Anfang der 1960er Jahre werden Austernpilze auf Stroh und heute überwiegend auf Substratsäcken kultiviert. Sie wachsen aus den Säcken nicht einzeln, sondern wie Austernbänke angeordnet dachziegelartig übereinander – daher ihr eigentlicher Name. Austernpilze, die zuweilen auch gerne Kalbfleischpilze genannt werden, sind häufig mit einem weißen Belag überzogen, der typisch für sie ist. Dieser weiße Belag hat aber nichts mit einem Schimmelbefall zu tun, sondern es handelt sich dabei um ein Myzel, ein Pilzgeflecht, das vollkommen unschädlich ist. Es lässt sich einfach mit einem Tuch abwischen. Austernpilze lassen sich auf vielfältige Weise zubereiten.

Shiitakes

Shiitakes wachsen wild seit prähistorischen Zeiten. Ihren Namen haben sie vom Shiibaum – das ist der bevorzugte Baum, an dem die Shiitakes natürlicherweise wachsen – und »Take«, was auf Japanisch »Pilz« heißt. In asiatischen Ländern werden Shiitake-Pilze nicht nur wegen ihrer vielfältigen Zubereitungsmöglichkeiten geschätzt, sondern auch aufgrund ihrer Inhaltsstoffe gerne zu therapeutischen Zwecken eingesetzt. Der Shiitake enthält das Spurenelement Zink, das gut für die Haut und Immunkraft ist. Zudem ist der Pilz reich an Kalium und unterstützt somit Nerven, Herz und Muskeln zusammen mit den enthaltenen B-Vitaminen B1, B2 und Folsäure. Eine Besonderheit verbirgt sich noch im Shiitake: Er enthält auch Vitamin D und ist somit für die Vegetarier eine gute Vitamin-D-Quelle. Kultiviert werden Shiitakes seit rund 1000 Jahren in Asien. Auch in Deutschland gibt es große Pilzzuchtanlagen und dementsprechend unterschiedliche Ansätze bei der Zucht. Im Kühlschrank gelagert, halten sich die Shiitakes länger als Champignons. Zuweilen werden Shiitakes auch getrocknet angeboten, denn die Pilze verlieren beim Trocknen keinesfalls ihr Aroma.

> Shiitakes sind in der ostasiatischen Küche sehr beliebt. Wie alle Kulturpilze haben auch sie den Vorteil, dass sie nicht gewaschen werden müssen. Es reicht, sie mit einem Stück Küchenkrepp abzureiben und bei Bedarf die Stiele zu putzen.

Sprossen und Keimlinge

Bereits vor rund 5000 Jahren soll im alten China der Kaiser seinem Volk befohlen haben, Sojabohnen keimen zu lassen. Ja, er ließ es sogar schriftlich niederschreiben, welche Heilkraft von diesen Sprossen ausgeht. Auch die Inkas und Azteken übten sich schon früh in der Sprossenzucht. Erzählungen zufolge hat »verdorbenes« Getreide, das Schiffbrüchige in ihrer Verzweiflung verzehrt haben, ihnen das Leben gerettet. Bei dem vermeintlich »verdorbenen« Getreide handelte es sich um gekeimtes Getreide.

Wertvolle Inhaltsstoffe

Sprossen und Keimlinge sind richtige Powerpakete. Denn durch den Keimvorgang werden Kohlenhydrate ab- und umgebaut, und dabei steigt der Vitamingehalt rasant an. In Sprossen (Kichererbsen-, Mungobohnen- und Sojabohnensprossen) konnte sogar in geringen Mengen Vitamin B12 nachgewiesen werden, das sonst nur in tierischen Nahrungsmitteln und milchsauer vergorenem Gemüse, wie Sauerkraut, zu finden ist. Zudem liefern die Sprossen reichlich Mineralstoffe wie Kalzium, Magnesium, Kalium, Phosphor und Zink. Die Mineralstoffe vermehren sich zwar naturgemäß durch den Keimvorgang nicht, aber sie gehen andere chemische Verbindungen ein, sodass sie vom Körper besser verwertet werden können. Sprossen besitzen zudem Eiweiß mit einer hohen biologischen Wertigkeit.

Für den Küchenalltag

> Sprossen selbst zu ziehen ist gar nicht so schwer, und wenn man mal weiß, wie es geht, dann stehen einem das ganze Jahr wertvolle Kraftpakete zur Verfügung.

Während in Asien die Sprossen und Keimlinge zu den Grundnahrungsmitteln gehören, fristen sie bei uns eher ein Schattendasein. Nur langsam finden sie Einzug in die europäische Küche. Das Problem liegt auf der Hand: Sprossen bzw. Keimlinge kann man nur selten im Supermarkt kaufen, und wenn mal welche da sind, weiß man nicht sicher, ob diese auch frisch sind. Viele Leute haben eine gewisse Scheu, Sprossen selbst zu ziehen. Doch es ist gar nicht so schwer.

Sprossen selbst ziehen

▶ **Hochwertiges Saatgut** Um Sprossen selbst zu ziehen, sollte man unbedingt Saatgut kaufen, das zum Keimen geeignet ist, naturrein, ungespritzt und ungebeizt. Man erhält es in Reformhäusern, Naturkostläden und sogar in manchen Gärtnereien.

▶ **Zum Keimen** eignen sich Samen wie Radieschen, Leinsamen, Kresse, aber auch Getreide wie Hafer, Weizen, Dinkel, Hirse, Roggen sowie

FRISCH UND KNACKIG
FÜR JEDEN TAG

Mit Sprossen richtig umgehen*

Art	Einweichdauer (Stunden)	Keimdauer (Tage)	Bemerkung
Adzukibohnen	12	2–4	vor dem Essen kochen
Alfalfa	–	7–8	leicht, frisch für Salat
Amaranth	6	6–7	nussig
Bockshornklee	6	3–4	werden bei langer Keimdauer bitter
Buchweizen	3	3–4	auch für Süßspeisen
Dinkel	12	2–3	ideal für Salate
Erbsen	12	2–3	vor dem Essen kochen
Gerste	6–12	2–4	süßlich, auch für Süßspeisen
Hafer	6–12	2–5	auch für Süßspeisen
Kichererbsen	12	3–4	vor dem Essen kochen
Kresse	–	3–6	wird gern zum Würzen verwendet
Kürbis	12	3–4	werden bei längerem Keimen bitter
Leinsamen	–	3–4	neigen zum Schleimen, öfter spülen
Linsen	12	3–4	leicht nussig, vorab blanchieren
Mungo-/Sojabohnen	12	3–6	vor dem Essen blanchieren
Quinoa	6	6–7	säuerlich frisch
Radieschen	6–12	2–5	leicht scharf
Rettich	6–12	2–4	scharf
Roggen	12	2–4	süßlich, für Süßspeisen
Senf	6	2–3	leicht scharf
Sesam	3–6	2–5	nussig, im Dunkeln keimen
Sonnenblumenkerne	6	2–4	nussig
Weizen	12	2–4	süßlich, für Süßspeisen

*Sprossen sind bis auf wenige Ausnahmen (s. o.) roh genießbar.

KLEINE
WARENKUNDE

Buchweizen. Man kann auch Hülsenfrüchte (Erbsen, Kichererbsen, Linsen) keimen lassen. Zum Keimen benötigt man ein Gefäß. Das kann eine der gängigen Keimboxen im Handel sein oder auch ganz einfach nur ein Einweckglas.

▶ **Anleitung zum Keimen** Saatgut waschen und in handwarmem Wasser einweichen. Je nach Sorte kann die Einweichzeit mehrere Stunden betragen, z.B. müssen Hülsenfrüchte über Nacht einweichen, Getreide etwa 3 bis 5 Stunden. Die eingeweichten Samen über einem Haarsieb abgießen, mit klarem Wasser gut abspülen und gut abtropfen lassen – aber nicht austrocknen lassen. Dann in die Keimbox oder das Einweckglas geben und über das Einweckglas ein Stück Mull spannen. Nicht zu viele Samen in das Einweckglas geben. Es ist ausreichend, wenn der Boden bedeckt ist. Sollte man zu viele eingeweicht haben, nimmt man einfach noch ein zweites Glas, denn die Samen sollen genug Platz haben, um sich ausbreiten zu können. Das Gefäß auf eine Fensterbank stellen, damit die Samen genügend Licht bekommen, allerdings sollten sie keine direkte Sonneneinstrahlung abbekommen. Die ideale Wachstumstemperatur liegt bei 18 °C bis 22 °C. Wenn es kälter ist, wird das Wachstum gestoppt, wenn es zu warm ist, verderben die Keimlinge ehe sie reif sind.

▶ **Täglich spülen** Damit sich die Keimlinge gut entwickeln können, ist Wasser nötig. Deshalb die Keimlinge zweimal täglich leicht mit lauwarmem Wasser spülen. Dabei immer wieder gut abtropfen lassen, bevor man sie zurück ins Glas gibt. Zu viel Feuchtigkeit lässt die Keimlinge verschimmeln.

▶ **Dauer** Je nach Sorte kann es 2 bis 7 Tage dauern, bis die Sprossen fertig sind. Bestimmte Sorten wie z.B. Alfalfasprossen sollten erst nach einer Keimung von 6 Tagen verzehrt werden, da sie während des Keimvorgangs einen leicht toxischen Inhaltsstoff entwickeln, der sich erst nach 5 Tagen abgebaut hat.

Einmal geerntet, sind Sprossen im Kühlschrank 1 bis 2 Tage haltbar. Keimlinge sollten an einem hellen Ort stehen, aber ohne direkte Sonneneinstrahlung.

Kräuter und Gewürze

Die Verwendung von Kräutern und Gewürzen ist ein wunderbar effektives Mittel, um den Speiseplan zu bereichern und Rezepte zu variieren. Sie verleihen jedem Essen einen besonderen Geschmack und haben darüber hinaus oft auch eine gesundheitsfördernde Wirkung. Diese Wirkungen beruhen auf den unterschiedlichsten sekundären Inhaltsstoffen.

Vielseitig und gesund

Die wichtigste Funktion der Kräuter und Gewürze ist die Steigerung der Speichel- und Magensaftproduktion. Vor allem Chili, Ingwer, Currypulver, Paprikapulver, Pfeffer und Senf sind dafür bekannt, wobei damit auch der gesamte Stoffwechsel und die Durchblutung angeregt werden. Andere Gewürze und Kräuter, wie Piment, Nelken, Oregano, Zimt und Bohnenkraut, sind in der Lage, das Wachstum von Schimmelpilzen zu hemmen. Anis, Kümmel, Dill, Fenchel, Koriander, Wacholder und Muskatnuss gelten als magenstärkend und als Mittel gegen Blähungen und Darmgrippe. Chili ist nicht nur reich an Zink und Magnesium, sondern eher bekannt durch seine ausgesprochene Schärfe, die durch den sekundären Pflanzenstoff Capsaicin verursacht wird. Dieses Capsaicin wirkt entzündungshemmend und antibakteriell und wird auch gern in der pharmazeutischen Industrie für ABC-Pflaster und Salben eingesetzt. Chinesische Wissenschaftler rücken mit dem Wirkstoff auch dem Übergewicht zu Leibe, da anscheinend das Capsaicin das Wachstum der Fettzellen stoppen kann. Exotische Aromen liefern Gewürze wie Kreuzkümmel oder Koriander, vor allem, wenn man sie im Ganzen kauft und bei Bedarf in einem Mörser frisch zerreibt. Die beliebten Currypasten sind Gewürzmischungen, die man in Supermärkten oder auch in Asialäden finden kann.

> Ob Kräuter frisch oder getrocknet verwendet werden, ist oft eine Frage der Verfügbarkeit. Oregano, Majoran, Bohnenkraut, Thymian und Rosmarin bewahren ihr Aroma auch im getrockneten Zustand.

Raffinierte Gerichte ohne Fettzugabe
für eine abwechslungsreiche Ernährung
nach Metabolic Balance®. Fein abgeschmeckt
mit Kräutern und Gewürzen.

Rezepte für Vegetarier

Metabolic Balance® – Mahlzeiten ohne
Fleisch und ohne Fisch

REZEPTE
FÜR VEGETARIER

Zum Frühstück

Gut gelaunt in den Tag zu starten bedeutet auch, seinem Körper die notwendige Energie und die benötigten Vitalstoffe für die anstehenden Aufgaben zur Verfügung zu stellen. Ein eiweißreiches Frühstück voller Vitamine, Mineralstoffe, Spurenelemente und verdauungsfördernder Ballaststoffe steht deshalb bei Metabolic Balance® auf der Tagesordnung. Und dass ein Frühstück nicht eintönig sein muss, sondern durch Geschmack, Optik und Wohlgenuss überzeugen kann, zeigen die folgenden Rezeptideen. Mandeln, Sonnenblumenkerne, Kürbiskerne, Haferflocken, Joghurt, Milch, Mango, Papaya, Birnen und Himbeeren sind nur einige der Zutaten, die für geschmackliche Abwechslung sowie für flache Verläufe der Blutzucker- und Insulinspiegel und für eine lang anhaltende Sättigung sorgen. Und so ganz nebenbei dem Körper das liefern, was er wirklich braucht.

Vegetarisch zu frühstücken bedeutet, abwechslungsreich zu genießen. Denn es geht auch ohne Wurst und Schinken, wie die hier aufgeführten Rezepte zeigen.

Alle Rezepte von Metabolic Balance® sind für 1 Portion berechnet. Wieviel das ist, steht im individuellen Ernährungsplan.

FEINES
ZUM FRÜHSTÜCK

Mandeladesuppe

Zubereitung

1. Mandeln und Sonnenblumenkerne über Nacht in kaltem Wasser einweichen. Am nächsten Tag die Mischung absieben und abtropfen lassen. 1 Esslöffel davon zur Seite legen.

2. Das Gemüse waschen, putzen und in Streifen schneiden.

3. Das Brot in kleine Würfel schneiden. Einen Topf ohne Fett erhitzen und das Brot darin kross rösten. Herausnehmen und beiseite stellen.

4. Den Knoblauch abziehen und fein hacken. Mandeln, Sonnenblumenkerne und Knoblauch in dem heißen Topf rösten. Die Gemüsebrühe dazugießen und kurz aufkochen lassen. Den Topfinhalt pürieren. Mit Salz und Pfeffer würzen.

5. Die Suppe in eine Suppentasse geben und die Brotwürfel und Petersilie darüber streuen. Mit dem Gemüse als Rohkost verzehren. Die Mahlzeit mit dem beiseite gelegten Löffel Mandelade beginnen.

Tipp Das Gemüse kann beliebig nach dem Ernährungsplan variiert werden. Pastinake z. B. bietet sich an, um mitgekocht und püriert zu werden, dann wird die Suppe schön sämig.

Tipp Das Roggenvollkornbrot in Würfel geschnitten auf ein Backblech geben und im Backofen unter dem Grill rösten.

Info Mandelade ist unser Name für eine Mischung aus ungeschälten Mandeln und Sonnenblumenkernen. Man stellt sie selbst her, indem man die Nüsse und Kerne zunächst in Wasser über Nacht einweicht und sie dann püriert. Allerdings sollte man darauf achten, dass sie mit Wasser nur bedeckt sind, damit man die wasserlöslichen Vitamine beim Abgießen nicht wegschüttet.

Für 1 Portion

1 Portion Mandelade (Mandeln und Sonnenblumenkerne)

1 Portion Gemüse (Möhre, Paprikaschote)

1 Scheibe Roggenvollkornbrot

1 Knoblauchzehe

150 ml Gemüsebrühe

Salz, Pfeffer

1 EL gehackte Petersilie

REZEPTE
FÜR VEGETARIER

Für 1 Portion

1 Portion Mandelade
(Mandeln und Son-
nenblumenkerne)
1 Portion Gemüse
(Avocado, Radicchio)
50 ml kalte
Gemüsebrühe
Salz, Pfeffer
einige Tropfen
Tabasco
1 EL Bio-Apfelessig
1 Portion Mango

Radicchio mit Mandeladesauce

Zubereitung

1. Mandeln und Sonnenblumenkerne über Nacht in kaltem Wasser einweichen. Am nächsten Tag absieben und abtropfen lassen.

2. Das Avocado-Fruchtfleisch in kleine Würfel schneiden.

3. Für das Dressing die aufgequollene Mandelade (bis auf 2 Teelöffel) mit der Avocado und der Gemüsebrühe pürieren. Mit Salz, Pfeffer, Tabasco und Essig würzen.

4. Die Mango schälen und einen Teil des Fruchtfleisches in Würfel schneiden. Die Mangowürfel unter das Dressing mischen und dieses nochmals pürieren. Restliche Mango in feine Spalten schneiden.

5. Radicchio waschen, putzen und gut abtropfen lassen.

6. Die Radicchioblätter mit den Mangospalten auf einem Teller anrichten und mit dem Dressing übergießen. Mit der zurückbehaltenen Mandelade garnieren und damit dann die Mahlzeit beginnen.

Tipp Für ein einfaches Avocadodressing etwas weiche Avocado zerdrücken oder pürieren, salzen, pfeffern und mit Bio-Apfelessig und kalter Gemüsebrühe verrühren. Ideal für grüne Blattsalate.

Für 1 Portion

1/2 Vanillestange
1 Portion Sojamilch
1 Portion Hafer-
flocken
1/4 TL Zimt
Kardamom
Ingwerpulver
Nelkenpulver
schwarzer Pfeffer

Vital Sojadrink

Zubereitung

1. Die Vanillestange längs halbieren, das Vanillemark herauskratzen und mit der Sojamilch in einen Topf geben.

2. Die Sojamilch erwärmen, die Haferflocken dazugeben und etwa 5 Minuten quellen lassen.

3. Die Gewürze einrühren und das Ganze kräftig pürieren.

FEINES
ZUM FRÜHSTÜCK

Antipastisalat mit Mandelade

Zubereitung
1. Mandeln und Sonnenblumenkerne über Nacht in kaltem Wasser einweichen. Am nächsten Tag die Mischung absieben und abtropfen lassen. Etwas fein hacken oder kurz mit einem Pürierstab zerhäckseln. Eine Pfanne ohne Fett erhitzen, die Mandelademasse darin anrösten, herausnehmen und beiseite stellen.
2. Die Zucchini waschen, putzen und in feine halbe Scheiben schneiden. Den Fenchel waschen, putzen und in Spalten schneiden. Die Paprikaschote waschen, putzen und in Würfel schneiden.
3. Das Gemüse in der heißen Pfanne unter Rühren kurz anbraten. Mit der Gemüsebrühe angießen und bei geschlossenem Deckel etwa 5 Minuten garen. Mit Salz, Pfeffer, Cayennepfeffer und Essig würzen.
4. Die gerösteten Mandeln und Sonnenblumenkerne über das Gemüse streuen. Der Salat schmeckt am besten lauwarm.

Tipp Statt Mandelade die eiweißreiche Körnermischung von Metabolic Balance® aus Kürbiskernen und Sonnenblumenkernen nehmen.

Für 1 Portion
1 Portion Mandelade (Mandeln und Sonnenblumenkerne)
1 Portion Gemüse (Zucchini, Fenchel, Paprikaschote)
50 ml Gemüsebrühe
Salz, Pfeffer
Cayennepfeffer
1 EL Bio-Apfelessig

Crunchymüsli mit Sojajoghurt

Zubereitung
1. Das Brot in sehr feine Würfel schneiden. Eine Pfanne ohne Fett erhitzen und darin die Brotwürfel unter Rühren rundum anrösten.
2. Die Himbeeren mit dem Sojajoghurt und dem Zitronengraspulver vermischen. Die gerösteten Brotwürfel darüber verteilen.

Tipp Statt Brot zu rösten, eine Scheibe Roggenknäckebrot zerstoßen.

Für 1 Portion
1 Scheibe Roggenvollkornbrot
1 Portion Himbeeren
1 Portion Sojajoghurt
1 Messerspitze Zitronengraspulver

REZEPTE
FÜR VEGETARIER

Für 1 Portion
1 Portion
Körnermischung
1 Scheibe Roggen-
vollkornknäckebrot
1/2 Portion Möhre
50 ml Gemüsebrühe
1 EL gehackte
Petersilie
Salz, Pfeffer

Kräuterkekse

Zubereitung

1. Die Körnermischung über Nacht in kaltem Wasser einweichen. Am nächsten Tag das Einweichwasser wegschütten und die Kerne gut abtropfen lassen.

2. Das Roggenknäckebrot in einem Mixer zu Mehl verarbeiten.

3. Die Möhre waschen, schälen und in kleine Würfel schneiden. Mit der Gemüsebrühe zum Kochen bringen und bei mittlerer Hitze weich kochen. Die Möhrenwürfel herausnehmen und gut abtropfen lassen.

4. Die Körnermischung (bis auf 1 Esslöffel), Möhrenwürfel, Roggenmehl und Petersilie fein pürieren. Mit Salz und Pfeffer würzen.

5. Den Backofen auf 150 °C (Umluft 130 °C, Gas Stufe 1) vorheizen. Ein Backblech mit Backpapier auslegen.

6. Mit einem Teelöffel jeweils kleine Kugeln aus der Keksmasse abstechen, auf das Backblech legen und etwas platt drücken. Die Taler mit der restlichen Körnermischung bestreuen und im heißen Backofen 15 bis 20 Minuten backen.

Tipp Anstelle der Möhre kann man auch gut Knollensellerie, Pastinaken oder Schwarzwurzeln zu Keksen verarbeiten. Wie man sie würzt, ist jedem selbst überlassen. Wer mag, gibt kräftig Majoran und Oregano dazu oder mischt etwas frisch geschnittene Chilischote unter die Keksmasse.

Tipp Die Kekse eignen sich auch sehr gut zum Mitnehmen, zum Beispiel in einer Metallbox, damit sie schön kross bleiben.

Die Kräuterkekse sind feine Energiespender, die sich gut für unterwegs eignen.

Info Die restliche Gemüseportion kann als feine Rohsticks dazu gegessen werden.

Herzhaftes Körnermüsli

Für 1 Portion
1 Portion
Körnermischung
1 Portion Gemüse
(Knollensellerie,
Kohlrabi)
1/2 Portion Mango
Salz, Pfeffer
1 EL Bio-Apfelessig

Zubereitung

1. Die Körnermischung über Nacht in kaltem Wasser einweichen. Am nächsten Tag das Einweichwasser wegschütten, die aufgequollenen Kerne abtropfen lassen und pürieren.

2. Sellerie und Kohlrabi waschen, putzen und grob raspeln. Die Mango schälen und das Fruchtfleisch in kleine Würfel schneiden.

3. Eine Pfanne ohne Fett erhitzen, darin die pürierte Körnermischung unter Rühren anrösten und herausnehmen. Mit dem geraspelten Gemüse mischen. Mit Salz, Pfeffer und Bio-Apfelessig würzen. Zum Schluss die Mangowürfel unterheben.

Tipp Dieses Müsli schmeckt auch ganz lecker mit Mandelade, einer Mischung aus Mandeln und Sonnenblumenkernen (siehe Seite 57).

Schokojoghurt mit Mango

Für 1 Portion
1/2 Vanillestange
1 Portion Sojajoghurt
1 EL Kakaopulver
1 Messerspitze
Muskatnuss
1 Portion Mango
2–3 Blättchen
Zitronenmelisse

Zubereitung

1. Die Vanillestange längs halbieren, das Vanillemark herauskratzen und unter den Sojajoghurt mischen.

2. Den Joghurt mit Kakaopulver und Muskatnuss vermischen und mit einem Pürierstab leicht aufschäumen.

3. Mango schälen und das Fruchtfleisch in feine Spalten schneiden.

4. Die Mangospalten auf einem Teller anrichten und den Joghurt dazu reichen. Mit Zitronenmelisse garnieren.

Tipp Anstelle der Mango bietet sich alternativ auch Birne oder Pfirsich an. Pfirsich mit heißem Wasser überbrühen und enthäuten.

FEINES
ZUM FRÜHSTÜCK

Bratapfel mit Vanillemilch

Für 1 Portion
1 Portion
Haferflocken
1 Apfel
1/2 Vanillestange
1 Portion Milch
1/2 TL Zimt

Zubereitung

1. Die Haferflocken in einem Mixer zu Hafermehl verarbeiten.

2. Backofen auf 200 °C (Umluft 180 °C, Gas Stufe 3–4) vorheizen.

3. Den Apfel waschen, in Scheiben schneiden und das Kerngehäuse entfernen. Die Apfelscheiben in eine feuerfeste Auflaufform legen und im heißen Backofen etwa 10 Minuten backen.

4. In der Zwischenzeit die Vanillestange längs halbieren und das Vanillemark herauskratzen.

5. In einem Topf die halbe Portion Milch zum Kochen bringen, das Hafermehl unterrühren und den Topf von der heißen Kochstelle nehmen. Das Vanillemark dazugeben.

6. Die Apfelringe aus dem Backofen nehmen, eine Scheibe klein schneiden, zur Milch geben und kurz mit einem Pürierstab pürieren.

7. Die restlichen Apfelringe mit Zimt bestreuen und mit der Vanillemilch servieren. Die restliche Milch als Eiweißportion vorab trinken.

Tipp Statt Kuhmilch Sojamilch verwenden.

Birnensuppe

Für 1 Portion
1 Birne
1 Messerspitze Zimt
1 Messerspitze
Kardamom
1 Portion Milch
1 Portion
Haferflocken

Zubereitung

1. Das Fruchtfleisch der Birne klein schneiden. Mit 2 Esslöffel Wasser kurz dünsten und pürieren. Mit Zimt und Kardamom würzen.

2. Die Hälfte der Milch unter das Püree rühren und kurz erwärmen.

3. Die Haferflocken in einer Pfanne ohne Fett anrösten.

4. Die Birnensuppe in einen Teller füllen und die gerösteten Haferflocken darüber verteilen. Die restliche Milch vorab trinken.

REZEPTE
FÜR VEGETARIER

Papayapfannkuchen (Foto)

Für 1 Portion
1 Portion
Haferflocken
1/2 Vanillestange
1 Portion reife
Papaya
1 Messerspitze
Zitronengraspulver
1/2 TL Zimt
1 Portion Milch
2–3 Blätter
Zitronenmelisse

Zubereitung

1. Die Haferflocken in einem Mixer zu Hafermehl verarbeiten. Die Vanillestange längs halbieren und das Vanillemark herauskratzen. Das Papayafruchtfleisch in feine Spalten schneiden.

2. Das Hafermehl mit Vanillemark, Zitronengraspulver und Zimt würzen. Etwas Milch angießen und die Mischung zu einem dickflüssigen Teig rühren.

3. Eine beschichtete Pfanne heiß werden lassen, den Haferteig hineingeben und mit einem Esslöffel etwas platt drücken. Die Papayaspalten darauf legen und den Pfannkuchen etwa 2 bis 3 Minuten backen, wenden und die andere Seite ebenso ausbacken.

4. Den Pfannkuchen anrichten und mit Zitronenmelisseblättern garnieren. Die restliche Milch als Eiweißportion vorab trinken.

*Papayapfannkuchen,
auch optisch ein
wahrer Genuss.*

Wildkräuter-Avocado-Quark

Für 1 Portion
1 Portion Quark
etwas Mineralwasser
1 Portion Gemüse
(Löwenzahn,
Sauerampfer,
Kerbel, Avocado,
1 EL gewürfelte
Zwiebel)
Meersalz

Zubereitung

1. Den Quark mit Mineralwasser glatt streichen. Löwenzahn, Sauerampfer und Kerbel waschen, trockenschleudern und fein hacken.

2. Das Avocado-Fruchtfleisch aus der Schale lösen und mit einem Mixstab cremig pürieren. Mit den Kräutern und den Zwiebelwürfeln mischen. Mit Salz würzen.

3. Den Quark (bis auf 1 Esslöffel) unter die Avocado-Kräuter-Mischung rühren, damit eine cremige Masse entsteht.

Info Passt gut zu Vollkornbrot und Rohkost. Den Esslöffel Quark vorab verzehren.

REZEPTE
FÜR VEGETARIER

Für 1 Portion
1 Portion
Körnermischung
1 Knoblauchzehe
1/2 Portion Gemüse
(1 EL gewürfelte
Zwiebel, Weißkohl-
blätter)
1 TL Majoran
1 EL frisch geschnit-
tener Schnittlauch
50 ml Gemüsebrühe
Salz, Pfeffer

Vegetarische Krautwickel

Zubereitung

1. Die Körnermischung über Nacht in kaltem Wasser einweichen. Das Einweichwasser wegschütten und die Körnermischung pürieren.
2. Knoblauch abziehen und zerdrücken. Eine Pfanne ohne Fett erhitzen und darin Zwiebel und Knoblauch scharf anbraten. Die pürierte Körnermischung und die Kräuter dazugeben. Anbraten und nach Bedarf 1 bis 2 Esslöffel Brühe dazugeben. Salzen und pfeffern.
3. Die Kohlblätter etwa 5 Minuten blanchieren und abtropfen lassen.
4. Die Körnermischung auf den Kohlblättern verteilen. Die Blätter zu Krautwickel aufrollen und mit einem Bindfaden verschnüren.
5. Eine Pfanne ohne Fett erhitzen und darin die Krautwickel anbraten. Die restliche Gemüsebrühe aufgießen, 5 bis 10 Minuten garen.

Tipp Verwendet man statt Weißkohl Chicorée, dann entfällt das Blanchieren. Das Gericht lässt sich gut am Vorabend vorbereiten.

Für 1 Portion
1 Portion
Körnermischung
1 TL Majoran
1 TL Oregano
1 Portion Gemüse
(Kopfsalat,
Aubergine, Zucchini)
2–3 EL Gemüsebrühe
1 EL Bio-Apfelessig
Salz, Pfeffer

Gemüsescheiben im Körnermantel

Zubereitung

1. Eine Pfanne ohne Fett erhitzen und darin die Körnermischung mit Majoran und Oregano anrösten. Auf einem Teller beiseite stellen.
2. Salat waschen und putzen. Für die Marinade die Gemüsebrühe mit dem Essig verrühren und mit Salz und Pfeffer würzen.
3. Aubergine und Zucchini waschen, putzen, in 0,5 Zentimeter dicke Scheiben schneiden und salzen. Ohne Fett scharf anbraten.
4. Salat mit der Marinade anrichten. Die angebratenen Gemüsescheiben in der Körnermischung wälzen und dazulegen.

FEINES
ZUM FRÜHSTÜCK

Rosenkohl-Apfel mit Körnern

Für 1 Portion

1 Portion
Körnermischung

1/2 TL geschrotete
Koriandersamen

1 Portion Rosenkohl

150 ml Gemüse-
brühe

1 Apfel

Salz, Pfeffer

Zubereitung

1. Einen Wok ohne Fett erhitzen und darin die Körnermischung und die Koriandersamen unter Rühren anrösten. Auf einen Teller geben.

2. Den Rosenkohl waschen, putzen und an den Stielenden über Kreuz einschneiden. In den heißen Wok geben und unter Rühren etwa 5 Minuten andünsten. Mit der Gemüsebrühe aufgießen und zugedeckt etwa 10 Minuten garen; der Rosenkohl sollte noch bissfest sein.

3. Das Fruchtfleisch des Apfels grob würfeln, zum Rosenkohl dazugeben und 5 Minuten mitdünsten lassen. Mit Salz und Pfeffer würzen.

4. Das Rosenkohl-Apfel-Gemüse auf einem Teller anrichten und die geröstete Körnermischung darüber streuen.

Info Rosenkohl möglichst kurz mit wenig Flüssigkeit garen, damit seine wertvollen Inhaltsstoffe erhalten bleiben. Er ist reich an den Vitaminen A, B1, B2 und C und enthält reichlich Kalium und Eisen. Rosenkohl wird auch gerne mit Basilikum und Muskatnuss gewürzt.

Kürbiscurry

Für 1 Portion

1 Portion Gemüse
(Kürbis, 1 EL gehackte Frühlingszwiebel)

50 ml Gemüsebrühe

Currypulver

Kurkuma

Salz

1 Portion
Körnermischung

1/2 rote Chilischote

Zubereitung

1. Das Kürbisfruchtfleisch ohne Kerne in große Würfel schneiden. Mit der Brühe zum Kochen bringen. Bei mittlerer Hitze weich köcheln lassen. Mit Currypulver, Kurkuma und Salz würzen.

2. Eine Pfanne ohne Fett erhitzen und die Körnermischung darin unter Rühren anrösten. Die Chilischote in feine Ringe schneiden.

3. Frühlingszwiebel und Chili zum Kürbis geben, kurz miterwärmen.

4. Das Kürbiscurry mit den gerösteten Körnern anrichten.

REZEPTE FÜR VEGETARIER

Eier

Hühnereier sind nicht nur für Vegetarier sehr wertvolle Lebensmittel. Das betrifft sowohl ihre Inhaltstoffe – sie enthalten alle lebensnotwendigen Aminosäuren sowie wichtige Fette, Mineralstoffe und Vitamine – als auch ihren küchenpraktischen Aspekt. Eier lassen sich schnell und unkompliziert zubereiten. Selbst für die Außer-Haus-Verpflegung bieten sie sich an, warten sie ja mit einem unschlagbaren Argument auf: Im hart gekochten Zustand liefern sie ihre eigene Verpackung gleich mit. Geschmacklich harmonieren Eier sehr gut mit Gemüse. Für Metabolic Balance® ist dabei zum Beispiel die Kombination mit Avocados ideal. Diese werden meist unreif in ihren tropischen Anbauländern geerntet und kommen so auch zu uns in die Läden. Doch gut eingewickelt in Zeitungspapier, nach Bedarf zusammen mit einem Apfel, reifen sie bei Zimmertemperatur schnell nach.

Die Grundformel für Genuss ist einfach: Protein in Form von Ei und viel Gemüse. Ob das Ei dabei gekocht, gebraten, gerührt oder gestockt wird, bestimmt der momentane Appetit.

Hühnereier sind eine wichtige Proteinquelle für Vegetarier.

REZEPTE
MIT EIERN

Gemüsesuppe mit Ei-Einlage

Für 1 Portion
1 Portion Ei
Salz, Pfeffer
1 Portion Gemüse
(Fenchel, Knollen-
sellerie, Möhre)
200 ml Gemüse-
brühe
1 EL gehackte
Petersilie

Zubereitung

1. Ei mit Salz und Pfeffer in einer Schüssel verquirlen. Die Schüssel mit Alufolie abdecken und in ein nur leicht sprudelndes Wasserbad stellen. Sobald es fest ist, das Ei herausnehmen und fein würfeln.
2. Den Fenchel waschen, putzen und in feine Streifen schneiden. Den Sellerie waschen, putzen und ebenfalls in feine Streifen schneiden. Die Möhre waschen, schälen und in kleine Würfel schneiden.
3. Das Gemüse mit der Brühe zum Kochen bringen und bei mittlerer Hitze 10 bis 15 Minuten köcheln lassen. Mit Salz und Pfeffer würzen.
4. Die Eiwürfel in die Suppe legen und mit Petersilie bestreuen.

Tipp Je nach Jahreszeit kann man die Suppe auch gut mit Wirsing, Grünkohl und Schwarzwurzeln zubereiten.

Info Im Wasserbad garen Lebensmittel durch indirekte Hitze. Dafür stellt man die Schüssel mit der Speise in ein zweites Behältnis, das mit etwa 80 °C warmem Wasser gefüllt ist.

Gemüsespiegelei

Für 1 Portion
1 Portion Gemüse
(Porree, rote Paprika-
schote)
Salz, schwarzer
Pfeffer
1 Portion Ei
1 EL frisch geschnit-
tener Schnittlauch

Zubereitung

1. Das Gemüse waschen und putzen. Porree in dünne Ringe, Paprikaschote in feine Würfel schneiden. In einer Pfanne ohne Fett unter Rühren etwa 10 Minuten garen. Salzen und pfeffern.
2. Ei aufschlagen und auf das Gemüse gleiten lassen (das Eigelb sollte nicht kaputtgehen). Bei geschlossenem Deckel stocken lassen.
3. Das Gemüsespiegelei anrichten und mit Schnittlauch bestreuen.

REZEPTE
FÜR VEGETARIER

Rohkost mit Avocadodressing

Für 1 Portion
1 Portion Ei
1 Portion Gemüse
(Avocado, Blumen-
kohl, Tomate)
50 ml Gemüsebrühe
Salz, Pfeffer
1 EL frisch geschnit-
tener Schnittlauch

Zubereitung

1. Für das Dressing das Ei hart kochen, abschrecken, pellen und halbieren. Eine Eihälfte in Würfel schneiden. Das Avocadofruchtfleisch
schälen und klein schneiden. Die Eiwürfel zur Avocado geben und die
Mischung mit einem Pürierstab pürieren. Dabei nach und nach die
Gemüsebrühe dazugeben. Das Dressing soll schön dickflüssig sein.
2. Für die Rohkost den Blumenkohl waschen und die Röschen in
dünne Scheiben hobeln. Tomate waschen und in Scheiben schneiden.
3. Die Blumenkohl- und Tomatenscheiben auf einem Teller anrichten.
Mit Salz und Pfeffer würzen. Das Avocadodressing darüber gießen.
Mit Schnittlauch und der anderen Eihälfte garnieren.

Sellerie mit Avocadoremoulade (Foto)

Für 1 Portion
1 Portion Ei
1 Portion Gemüse
(Gewürzgurke,
Staudensellerie,
Avocado)
1 EL Zitronensaft
50 ml Gemüsebrühe
Salz, Pfeffer
1 Zweig Dill

Zubereitung

1. Das Ei hart kochen, abschrecken, pellen und halbieren. Die eine
Eihälfte klein hacken und die andere Hälfte halbieren.
2. Die Gewürzgurke in feine Würfel schneiden. Den Staudensellerie
waschen, putzen und in grobe Stifte schneiden.
3. Die Avocado schälen. Das Avocadofruchtfleisch vom Kern lösen, in
kleine Würfel schneiden und mit Zitronensaft beträufeln. Die Gemüsebrühe unterrühren und die Masse mit einem Pürierstab pürieren.
Mit Salz und Pfeffer würzen.
4. Die Gurkenstücke und das gehackte Ei unter das Püree heben.
5. Die Avocadoremoulade in ein Schüsselchen füllen und mit dem
restlichen Ei und dem Dillzweig garnieren. Zusammen mit dem Staudensellerie servieren.

Raffiniert: Sellerie mit
Avocadoremoulade.

Avocadocremesuppe mit Ei

Für 1 Portion
1 Portion Ei
1 Portion Gemüse
(Avocado, Porree,
1 EL gewürfelte
Zwiebel)
200 ml kalte
Gemüsebrühe
Salz, weißer Pfeffer
etwas Paprikapulver
1 EL frisch geschnittener Schnittlauch

Zubereitung

1. Das Ei hart kochen, abschrecken, pellen und vierteln.

2. Das Fruchtfleisch aus der Avocado lösen und mit 150 Milliliter kalter Gemüsebrühe in einem Mixer pürieren.

3. Den Porree waschen, putzen und in feine Ringe schneiden. Einen Topf ohne Fett erhitzen und darin die Zwiebel und den Porree kurz anbraten. Mit der restlichen Gemüsebrühe aufgießen und etwa 5 Minuten köcheln lassen.

4. Die pürierte Avocado zum Porree dazugeben und das Ganze bei schwacher Hitze erwärmen, aber keinesfalls kochen. Mit Salz, Pfeffer und Paprikapulver würzen.

5. Die Suppe in eine vorgewärmte Suppentasse geben und mit den Eivierteln und dem Schnittlauch garnieren.

Ei auf Chicorée mit Avocadosauce

Für 1 Portion
1 Portion Gemüse
(2/3 Chicorée,
1/3 Avocado)
200 ml Gemüsebrühe
1 Portion Ei
1 EL frisch gehackte
Petersilie
Salz, Pfeffer

Zubereitung

1. Den Chicorée putzen und mit einem spitzen Messer den bitteren Strunk keilförmig herausschneiden. Den Chicorée mit der Gemüsebrühe aufkochen und bei schwacher Hitze 12 bis 15 Minuten weich dünsten. Herausnehmen und warmhalten. Die Brühe aufheben.

2. In der Zwischenzeit das Ei hart kochen, abschrecken, pellen und fein hacken. Gehacktes Ei mit der Petersilie mischen.

3. Das Avocadofruchtfleisch mit einer Gabel gut zerdrücken, salzen, pfeffern und mit etwas Brühe zu einer dickflüssigen Sauce verrühren.

4. Den Chicorée auf einem Teller anrichten, die gehackten Eier mit Petersilie darauf verteilen und die Avocadosauce dazureichen.

REZEPTE
MIT EIERN

Eiersalat mit Apfel

Zubereitung

1. Eier hart kochen, abschrecken, pellen und in Viertel schneiden.

2. Die Gurke waschen, schälen und in dünne Scheiben schneiden bzw. hobeln. Die Tomate waschen und in feine Würfel schneiden.

3. Den Apfel waschen, vierteln, das Kerngehäuse entfernen und das Fruchtfleisch in feine Spalten schneiden.

4. Ei, Gurke, Tomate, Apfel und Zwiebel miteinander vermischen.

5. Für das Dressing die Gemüsebrühe mit dem Essig verrühren und mit Salz, Pfeffer und Paprikapulver würzen. Das Dressing unter das Gemüse mischen. Den Salat mit Schnittlauch und Dill bestreuen.

Tipp Lecker schmeckt der Salat auch, wenn man anstelle des Apfels Mango oder Papaya verwendet.

Für 1 Portion
1 Portion Ei (2 Eier)
1 Portion Gemüse (Salatgurke, Tomate, 1 EL gewürfelte Zwiebel)
1 Apfel
50 ml Gemüsebrühe
1 EL Bio-Apfelessig
Salz, Pfeffer
Paprikapulver
1 EL frisch geschnittener Schnittlauch
1 TL frisch gehackter Dill

Eierrösti

Zubereitung

1. Den Salat waschen, putzen und in grobe Stücke teilen. Für die Marinade die Gemüsebrühe mit dem Essig verrühren und mit Salz und Pfeffer würzen. Die Marinade über den Salat gießen.

2. Das Roggenvollkornbrot in feine Streifen schneiden. Die Eier mit etwas Mineralwasser verquirlen und mit Salz, Pfeffer und Muskatnuss würzen.

3. Eine Pfanne ohne Fett erhitzen und darin die Brotstreifen unter gelegentlichem Rühren rundum anbraten. Das verquirlte Ei darüber gießen und stocken lassen.

4. Die Eierrösti mit dem Salat auf einem Teller anrichten.

Für 1 Portion
1 Portion Blattsalat
50 ml Gemüsebrühe
1 EL Bio-Apfelessig
Salz, Pfeffer
1 Scheibe Roggenvollkornbrot
1 Portion Ei (2 Eier)
etwas Mineralwasser
frisch geriebene Muskatnuss

REZEPTE
MIT EIERN

Gefüllte Aubergine

Zubereitung

1. Das Roggenvollkornknäckebrot in einem Mixer zu Mehl verarbeiten. Ein Ei hart kochen und auskühlen lassen.

2. Aubergine waschen und halbieren. Leicht gesalzenes Wasser aufkochen und eine Hälfte darin 12 bis 15 Minuten weichkochen.

3. Die Paprikaschote waschen, putzen und klein würfeln. Die gegarte Aubergine abtropfen lassen und vorsichtig das innere Auberginenfleisch mit einem Löffel herausschaben, dabei die Schale nicht einschneiden und einen etwa 1 Zentimeter breiten Rand stehen lassen.

4. Das Auberginenfleisch klein schneiden und mit dem Roggenvollkornmehl, dem rohen Ei und den Paprikawürfeln vermischen. Mit Salz, Pfeffer, Paprikapulver und Currypulver würzen. Die Auberginenhälfte mit der Mischung füllen.

5. Backofen auf 200 °C (Umluft 180 °C, Gas Stufe 3–4) vorheizen. Die gefüllte Aubergine in eine feuerfeste Form setzen und im heißen Backofen etwa 20 Minuten backen. Dabei ein wenig Wasser in die Auflaufform geben.

6. Das hart gekochte Ei pellen, vierteln und zu der gefüllten Aubergine servieren.

Info Auberginen verlieren ihren leicht bitteren Geschmack, wenn man sie vor der eigentlichen Zubereitung salzt und mit etwas Zitronensaft beträufelt bzw. wie hier in Salzwasser blanchiert.

Info Das original Currypulver ist eine aus Indien stammende Gewürzmischung, die bis zu 66 fein gepulverte Gewürze enthält. Mit »Curry« werden sowohl die speziellen Gewürzmischungen als auch sämige Schmorgerichte bezeichnet.

Für 1 Portion
2 Scheiben Roggenvollkornknäckebrot
1 Portion Ei (2 Eier)
1 Portion Gemüse (Aubergine, rote Paprikaschote)
Salz, Pfeffer
Paprikapulver
Currypulver

Die gefülle Aubergine verträgt eine kräftige Würzung. Wer mag, nimmt auch etwas Chili dazu.

75

REZEPTE
FÜR VEGETARIER

Für 1 Portion
1 Portion Ei und Kartoffel
200 ml Gemüsebrühe
1 Portion Gemüse (Champignons, 1 EL gewürfelte Zwiebel)
1 TL Senfpulver
Salz, Pfeffer
1 EL Kapern

Eierragout in Senfsauce mit Kapern

Zubereitung

1. Ei hart kochen, abschrecken, pellen, vierteln und beiseite stellen.

2. Für die Senfsauce die Kartoffel waschen, schälen und grob würfeln. In der Gemüsebrühe weich kochen und anschließend pürieren.

3. Die Champignons putzen und in feine Scheiben schneiden. Eine Pfanne ohne Fett erhitzen und darin die Zwiebel und Champignons unter Rühren etwa 3 Minuten dünsten. Mit Senfpulver würzen.

4. Die Champignons-Zwiebel-Mischung zum Kartoffelpüree geben. Salzen, pfeffern und alles einmal kurz zusammen erwärmen.

5. Die Eiviertel auf einem Teller anrichten, die Sauce dazugeben und die Kapern darüber verteilen.

Info Kapern kommen ursprünglich aus dem Mittelmeergebiet. Die noch unreifen Blütenknospen des Kapernstrauches werden getrocknet und dann in Öl oder Salzwasser eingelegt. Sie schmecken leicht bitter und etwas scharf.

Für 1 Portion
1 Portion Mango
1 Portion Ei
1/2 TL Zitronengraspulver
1 Prise Salz
Zimt

Mango-Omelette

Zubereitung

1. Die Mango schälen und das Fruchtfleisch in feine Spalten oder Streifen schneiden. Eine Pfanne ohne Fett erhitzen und darin die Mangostücke etwa 2 bis 3 Minuten braten.

2. Ei mit Zitronengraspulver und Salz verquirlen und über die Mangostücke gießen. Das Ei unter gelegentlichem Rühren zu einem Omelett stocken lassen.

3. Die Mango-Ei-Speise mit Zimt bestreuen und sofort verzehren.

Eier im Spinat-Tomaten-Bett

Für 1 Portion
1 Portion Ei (2 Eier)
1 Portion Gemüse
(Blattspinat,
Tomate, 1 EL
gewürfelte Zwiebel)
Salz, Pfeffer
frisch geriebene
Muskatnuss

Zubereitung

1. Ein Ei hart kochen, pellen und vierteln. Den Spinat verlesen, waschen und abtropfen lassen. Die Tomate waschen und würfeln.

2. Einen Topf ohne Fett erhitzen und darin die Zwiebel scharf anbraten, herausnehmen. Spinat und Tomatenwürfel in den Topf geben und kurz dünsten. Mit Salz, Pfeffer und Muskatnuss würzen.

3. Backofen auf 220 °C (Umluft 200 °C, Gas Stufe 4–5) vorheizen.

4. Spinat und Tomate in eine Auflaufform geben. Die Eiviertel darauf arrangieren und die Zwiebel darauf verteilen. Das zweite Ei verquirlen, mit Salz und Pfeffer würzen und über dem Gemüse verteilen.

5. Die Form in den heißen Backofen stellen und den Auflauf etwa 15 Minuten überbacken.

Gefüllter Kohlrabi

Für 1 Portion
1 Portion Gemüse
(2/3 Kohlrabi,
1/3 Brokkoli)
1 Portion Ei (2 Eier)
Salz, Pfeffer
frisch geriebene
Muskatnuss
100 ml Gemüse-
brühe

Zubereitung

1. Den Kohlrabi schälen, blanchieren und aushöhlen. Das Ausgehöhlte in feine Streifen schneiden.

2. Den Brokkoli waschen, putzen und in Röschen teilen. Das Kohlrabiwasser erneut erhitzen und die Brokkoliröschen darin blanchieren. Herausheben und abtropfen lassen.

3. Kohlrabistreifen und Brokkoliröschen mit einem Ei pürieren. Die Masse mit Salz, Pfeffer und Muskatnuss würzen.

4. Den ausgehöhlten Kohlrabi mit der Masse füllen. In eine Auflaufform setzen. Die Brühe angießen. Den gefüllten Kohlrabi bei 200 °C (Umluft 180 °C, Gas Stufe 3–4) im Backofen 15 Minuten backen.

5. Inzwischen das zweite Ei hart kochen, pellen und dazu servieren.

REZEPTE FÜR VEGETARIER

Für 1 Portion
1 Portion Ei (2 Eier)
1 Portion Gemüse (Wirsingblätter, Möhre)
50 ml Gemüsebrühe
Salz, Pfeffer
1 Prise frisch geriebene Muskatnuss
1 EL frisch geschnittener Schnittlauch

Eier im Wirsingmantel

Zubereitung

1. Eier hart kochen, abschrecken und pellen.

2. Die Wirsingblätter waschen und die harten Blattrippen etwas einschneiden. Salzwasser aufkochen und darin die Wirsingblätter etwa 5 Minuten garen. Herausnehmen und abtropfen lassen.

3. Die Möhre waschen, schälen und in dünne Scheiben schneiden. In einem Topf mit der Gemüsebrühe aufkochen und etwa 10 Minuten köcheln lassen. Den Topfinhalt pürieren und mit Salz, Pfeffer und Muskatnuss würzen.

4. Die Wirsingblätter mit dem Möhrenpüree bestreichen. Eier auf das Püree legen und die Wirsingblätter aufrollen. Die Päckchen mit Küchengarn zusammenbinden.

5. Eine Pfanne ohne Fett erhitzen und darin die Wirsingröllchen kurz scharf anbraten. Auf einem Teller anrichten und mit Schnittlauch bestreuen.

Info Frischer Wirsing ist das ganze Jahr erhältlich. Man kann ihn, in Zeitungspapier verpackt, im Gemüsefach des Kühlschranks bis zu 2 Wochen aufbewahren.

Info Muskatnuss enthält Myristicin. Dies ist ein Stoff der vom menschlichen Körper in ein Amphetamin umgewandelt wird, das – je nach Dosis – stark euphorisierend wirkt.

Tipp Muskatnuss schmeckt am intensivsten, wenn man sie erst unmittelbar vor der Zubereitung frisch reibt, denn sie verliert schnell ihr Aroma. Muskatnuss kann sowohl mitgekocht als auch erst gegen Ende der Garzeit an die Gerichte gegeben werden.

Eier im Wirsingmantel sind wie kleine Kohlrouladen, immer schmackhaft und gut.

REZEPTE
FÜR VEGETARIER

Käse & Quark

Ob zum Mittagessen oder zur Abendmahlzeit – mit Käse und Quark lassen sich wohlschmeckende vegetarische Gerichte zubereiten. Metabolic Balance® bevorzugt dabei Käsesorten, die während ihres Herstellungsprozesses keiner langen Reifung unterzogen werden. Etwa Mozzarella, bei dem die dickgelegte Milch nach maximal 3 Tagen mit etwa 80° C heißem Wasser überbrüht und anschließend geknetet und geformt wird. Oder Hüttenkäse, bei dem nach lediglich 12 Stunden Ruhezeit die Molke von der Käsemasse abgetrennt wird. Vielseitige Verwendung finden auch die Weißkäsesorten, die nach Feta-Art hergestellt werden, indem der gepresste Käseteig in Stücke geschnitten und in Salzlake gelegt wird. Bei Quark fällt die richtige Wahl auf die Ware mit 20 Prozent Fett in der Trockenmasse. Auch mit aus Molke gewonnenem Ricotta lässt es sich prächtig schlemmen.

Der Begriff »Feta« ist nach den Richtlinien der Europäischen Gemeinschaft nur dem originalen Käse vorbehalten, der in Griechenland den Kriterien der geschützten Ursprungsbezeichnung entspricht. Feta ist demnach keine Gattungsbezeichnung.

Käse ist ein wichtiger Eiweißlieferant für Vegetarier. Auch bei Metabolic Balance®.

Grüner Blattsalat süß-sauer

Zubereitung

1. Die Salate waschen, putzen und gut abtropfen lassen.
2. Den Apfel waschen, entkernen, eine Hälfte fein reiben und die andere in feine Spalten schneiden. Zugedeckt beiseite stellen.
3. Für das Dressing den Hüttenkäse (1 Esslöffel beiseite nehmen) mit Essig, Gemüsebrühe, geriebenem Apfel, Salz, Pfeffer und Ingwer vermischen. Es sollte leicht dickflüssig sein.
4. Die Salate untereinander mischen und auf einem Teller anrichten. Das Dressing über den Salat gießen. Mit den Apfelspalten und dem zurückbehaltenen Esslöffel Hüttenkäse garnieren.

Für 1 Portion
1 Portion gemischter Blattsalat (Kopfsalat, Lollo Rosso, Eichblattsalat)
1 Apfel
1 Portion Hüttenkäse
1 EL Bio-Apfelessig
3–5 EL kalte Gemüsebrühe
Salz, Pfeffer
1/2 TL frisch geriebener Ingwer

Staudensellerie in Curry-Käse-Sauce

Zubereitung

1. Das Knäckebrot in einem Mixer zu Mehl verarbeiten.
2. Den Staudensellerie waschen und putzen. Das Selleriegrün beiseite legen. Die Selleriestangen zuerst längs, dann quer halbieren. Die Gemüsebrühe zum Kochen bringen und die Selleriestücke darin zugedeckt bei schwacher Hitze bissfest garen. Den Sellerie herausnehmen und warm stellen.
3. Das Roggenvollkornmehl mit einem Schneebesen kräftig in die Brühe rühren und diese unter Rühren aufkochen lassen.
4. Die Sauce von der Kochstelle nehmen und den Hüttenkäse (bis auf 1 Esslöffel) mit dem Currypulver und dem Ingwer in die Sauce rühren. Mit Salz und Pfeffer würzen.
5. Sellerie auf einem Teller anrichten, die Sauce darüber gießen und mit dem Selleriegrün und dem restlichen Hüttenkäse garnieren.

Für 1 Portion
2 Scheiben Roggenvollkornknäckebrot
1 Portion Staudensellerie
150 ml Gemüsebrühe
1 Portion Hüttenkäse
1 EL Currypulver
1/2 TL frisch geriebener Ingwer
Salz, Pfeffer

**REZEPTE
FÜR VEGETARIER**

| **Für 1 Portion** |
| 1 Portion Gemüse (grüner Spargel, weißer Spargel) |
| 1 Portion reife Papaya |
| 1 Portion Hüttenkäse |
| Salz |
| Cayennepfeffer |

Spargel mit Papayacreme

Zubereitung

1. Den Spargel waschen und nach Bedarf schälen. Zuerst den weißen, dann den grünen in die Schale eines Dampfgarers legen. Etwas Wasser angießen, um den Boden des Topfes zu bedecken, den Deckel auflegen und den Spargel nach Geräteanleitung garen.

2. Das Fruchtfleisch der Papaya würfeln. Papaya und Hüttenkäse (bis auf 1 Esslöffel) in einen Mixer geben, mit Salz und Cayennepfeffer würzen und zu einer sämigen Sauce mixen.

3. Den Spargel aus dem Dampfgarer nehmen, etwas salzen, auf einem Teller anrichten und mit der Papayacreme übergießen. Den beiseite gelegten Esslöffel Hüttenkäse vorab verzehren.

Info Dampfgaren ist eine uralte Garmethode und eine der gesündesten zudem. Beim Dampfgaren wird das Gargut in einem Wasserdampf-Luft-Gemisch bei einer Temperatur von 100 °C gegart. Der heiße Wasserdampf umhüllt das Gargut und kondensiert an der Oberfläche. Während der gesamten Gardauer kommt das Gargut nicht mit Wasser in Berührung. Die beim Garen entstehende Feuchtigkeit verhindert das Austrocknen des Garguts, die Zellstrukturen bleiben bestehen. Das hat den Vorteil, dass die Farbe konserviert wird, der Geschmack insgesamt intensiver ist und zudem wertvolle Vitamine und Mineralstoffe nicht verloren gehen. Es können gleichzeitig verschiedene Lebensmittel miteinander gegart werden, ohne dass alles gleich schmeckt, denn der Dampf isoliert, und so bleibt der individuelle Geschmack der Speisen erhalten. Moderne Dampfgarer sind sogenannte »Alleskönner«. Alle frischen Lebensmittel können im Dampf schonend zubereitet werden. Selbst auftauen oder lediglich erwärmen von fertig gegarten Speisen ist möglich.

Rohkostteller mit kalter Käsesauce

Für 1 Portion

1 Portion Gemüse (Staudensellerie, Paprikaschote, Chicorée)

1 Portion Hüttenkäse

1 TL frisch geriebener Meerrettich

Salz, Pfeffer

Paprikapulver

1 Apfel

Zubereitung

1. Das Gemüse waschen, putzen, in grobe Stücke schneiden und auf einem Teller anrichten.

2. Den Hüttenkäse mit Meerrettich, Salz, Pfeffer und Paprikapulver würzen. Den Apfel waschen und entkernen. Das Fruchtfleisch des Apfels fein reiben und unter den Hüttenkäse mischen.

3. Die Käsesauce zu dem Rohkostteller servieren.

Tipp Meerrettich sollte nicht gekocht werden, sonst verschwindet die Schärfe. Bei heißen Gerichten gibt man ihn zum Schluss dazu.

Salattatar mit Knoblauchbrot

Für 1 Portion

1 Portion Gemüse (Salatgurke, gelbe Paprikaschote, Tomate)

1 Portion Feta

Salz, schwarzer Pfeffer

1 Knoblauchzehe

1 Scheibe Roggenvollkornbrot

Zubereitung

1. Die Gurke waschen, schälen und in kleine Würfel schneiden. Die Paprikaschote und die Tomate waschen, putzen und in Würfel schneiden. Den Käse ebenfalls in Würfel schneiden.

2. Das Gemüse und den Käse in eine Schüssel geben. Mit Salz und Pfeffer würzen. Mit einem Pürierstab grob pürieren.

3. Den Knoblauch abziehen, fein hacken und mit etwas Salz zerreiben. Das Brot toasten und mit dem Knoblauch bestreichen.

4. Das Salattatar auf einem Teller mit dem Knoblauchbrot anrichten.

Tipp Der Atemgeruch nach dem Genuss von Knoblauch kommt von den Abbauprodukten schwefelhaltiger Inhaltsstoffe wie dem Alliin, das zu Allicin umgewandelt wird. Knoblauch enthält zudem beachtliche Mengen an dem Spurenelement Selen.

**REZEPTE
FÜR VEGETARIER**

Käsefondue (Foto)

Für 1 Portion
1 Portion Feta
1 Knoblauchzehe
1 Portion Gemüse (Brokkoli, Fenchel, Chicorée)
50 ml Gemüsebrühe
Chilipulver
1 Spritzer Tabasco

Käsefondue eignet sich gut für einen geselligen Abend mit Freunden.

Zubereitung

1. Den Käse in kleine Würfel schneiden und zerdrücken. Den Knoblauch abziehen und fein hacken.

2. Das Gemüse waschen und putzen. Brokkoli in kleine Röschen und Fenchel in dünne Spalten schneiden. Chicorée in einzelne Blätter zerteilen. Das Gemüse auf einem Teller anrichten.

3. Käse und Knoblauch mit der Gemüsebrühe in einem kleinen Topf zum Kochen bringen, denn der Käse soll schmelzen. Mit Chilipulver und Tabasco würzen.

4. Zum Verzehren die Gemüsestücke aufspießen und in die Käsesauce tauchen.

Brokkoli mit Käsesauce

Für 1 Portion
1 Portion Brokkoli
200 ml Gemüsebrühe
1 Knoblauchzehe
1 Portion Feta
Salz, Pfeffer

Zubereitung

1. Den Brokkoli waschen und in Röschen teilen. In der Gemüsebrühe bissfest garen. Die Brokkoliröschen aus der Brühe nehmen, auf einen Teller geben und warm halten.

2. Den Knoblauch abziehen und fein hacken. Den Käse in kleine Würfel schneiden.

3. Den Käse (bis auf 1 Teelöffel) und den Knoblauch in die Gemüsebrühe geben. Den Topfinhalt pürieren und kurz aufkochen lassen. Kräftig mit Salz und Pfeffer würzen.

4. Die Käsesauce über den Brokkoli gießen und mit den restlichen Käsewürfelchen garnieren.

Tipp Brokkoli ist kein Lagergemüse und soll frisch verzehrt werden.

REZEPTE
FÜR VEGETARIER

Krautsalat mit Schafskäsedressing

Für 1 Portion

1 Portion Weißkohl

Salz

1 Portion Schafs-
frischkäse

3–5 EL Gemüsebrühe

1 EL Bio-Apfelessig

1 Knoblauchzehe

schwarzer Pfeffer

1 TL gehacktes
Koriandergrün

1 TL gehackter Dill

2–3 Blättchen
Zitronenmelisse

Zubereitung

1. Den Weißkohl waschen, putzen und in sehr feine Streifen schneiden oder grob raspeln. Leicht salzen und durchziehen lassen.

2. Für das Dressing den Käse mit der Gemüsebrühe und dem Essig
verrühren. Den Knoblauch abziehen und durch eine Knoblauchpresse
dazudrücken. Die Mischung mit Salz und Pfeffer würzen. Die gehackten Kräutern zugeben und alles gut miteinander vermischen.

3. Den eingesalzenen Weißkohl ausdrücken. Den Krautsalat auf
einem Teller anrichten und mit dem Käsedressing übergießen. Mit
Zitronenmelisse garnieren.

Gemüseauflauf mit Käsekruste

Für 1 Portion

1 Scheibe Roggen-
vollkornbrot

1 Portion Feta

1 Portion Gemüse
(Fenchel, rote
Paprikaschote,
Porree, Tomate)

Salz, Pfeffer

1/2 TL Oregano

1 TL frisch gehacktes
Basilikum

Zubereitung

1. Das Roggenvollkornbrot in kleine Würfel schneiden. Eine Pfanne
ohne Fett erhitzen und darin die Brotwürfel kross braten. Herausnehmen und beiseite stellen.

2. Den Käse klein würfeln und mit den Brotwürfeln vermischen.

3. Das Gemüse waschen und putzen. Fenchel in feine Scheiben,
Paprikaschote in Würfel, Porree in dünne Ringe und die Tomate in
Würfel schneiden. Das Gemüse gut miteinander vermischen. Mit
Salz, Pfeffer, Oregano und Basilikum würzen.

4. Backofen auf 200 °C (Umluft 180 °C, Gas Stufe 3–4) vorheizen.

5. Das Gemüse in eine feuerfeste Auflaufform geben und etwas
Wasser dazugeben. Die Käse-Brot-Mischung auf dem Gemüse verteilen. Die Form in den heißen Backofen stellen und den Auflauf etwa
30 Minuten backen.

REZEPTE MIT KÄSE & QUARK

Zucchini gefüllt mit Kräuterpüree

Zubereitung

1. Die Kartoffel waschen, schälen und grob würfeln. In der Gemüsebrühe weich kochen.

2. Die Zucchini waschen, putzen, halbieren und das Fruchtfleisch mit einem Löffel herausschaben. Salzwasser aufkochen und darin die Zucchinihälften 5 bis 8 Minuten garen. Abtropfen lassen.

3. Den Käse in Würfel schneiden, 2 bis 3 Würfel zur Seite legen und den Rest mit einer Gabel fein zerdrücken.

4. Die Kartoffelwürfel aus der Brühe nehmen und durch eine Kartoffelpresse drücken. Den zerdrückten Käse darunter mischen, nach Bedarf noch etwas Brühe dazugeben. Mit Salz, Pfeffer und Muskatnuss würzen. Schnittlauch und Petersilie untermischen.

5. Die Käse-Kräuter-Masse in die Zucchinihälften füllen und mit den restlichen Käsewürfeln garnieren.

Für 1 Portion
1 Portion Gemüse (Kartoffel, kleine Zucchini)
50 ml Gemüsebrühe
1 Portion Feta
Salz, Pfeffer
frisch geriebene Muskatnuss
1 TL frisch geschnittener Schnittlauch
1 TL gehackte Petersilie

Grüne Bohnen mit Feta

Zubereitung

1. Die Bohnen waschen, putzen, in Salzwasser bissfest garen und abtropfen lassen. Die Tomate waschen, putzen und würfeln. Beides in eine flache Auflaufform geben. Mit Salz, Pfeffer und Thymian würzen.

2. Den Käse zerkrümeln. Das Brot in kleine Würfel schneiden. Eine Pfanne ohne Fett erhitzen und darin die Brotwürfel rundum anrösten. Den zerkrümelten Käse dazugeben und kurz mitbraten. Die Brot-Käse-Mischung über das Gemüse streuen.

3. Den Backofen auf 200 °C (Umluft 180 °C, Gas Stufe 3–4) vorheizen und das Gratin darin etwa 10 Minuten backen.

Für 1 Portion
1 Portion Gemüse (grüne Bohnen, Tomate)
Salz, Pfeffer
1 TL Thymian
1 Portion Feta
1 Scheibe Roggenvollkornbrot

REZEPTE MIT
KÄSE & QUARK

Okrasalat mit Feta (Foto)

Zubereitung

1. Die Okra waschen und am Stielansatz wie einen Bleistift spitz zuschneiden, ohne die Frucht zu verletzen. Salzwasser zum Kochen bringen und die Okra darin etwa 10 Minuten köcheln lassen.

2. Für die Marinade Essig und Gemüsebrühe miteinander verrühren und mit den Kräutern, Salz und Pfeffer würzen.

3. Die Okra abgießen, abtropfen lassen und in dünne Scheiben schneiden. In eine Schüssel geben und noch warm mit der Marinade vermischen. Den Salat etwa 30 Minuten durchziehen lassen.

4. Den Käse in Würfel schneiden. Den Salat auf einem Teller anrichten und die Käsewürfel darüber streuen.

Tipp Je kleiner die Okraschoten, desto zarter, und je grüner, desto frischer sind sie. Schneidet man die Spitze am Stielansatz ab, tritt während des Kochens ein milchiger Schleim aus, der für eine leicht schleimartige Bindung sorgt. Verhindern kann man dies, indem man die Schoten beim Putzen nicht verletzt.

Für 1 Portion
1 Portion Gemüse
(Okra, 1 EL gewürfelte Zwiebel)
Bio-Apfelessig
50 ml Gemüsebrühe
1 EL gehackte Kräuter (Estragon, Petersilie, Zitronenmelisse)
Salz, Pfeffer
1 Portion Feta

Okrasalat schmeckt auch gut mit Kürbis- und Sonnenblumenkernen statt mit Käse.

Gemüsemüsli

Zubereitung

1. Den Quark mit Mineralwasser glatt streichen.

2. Das Roggenvollkornbrot klein würfeln und in einer Pfanne ohne Fett anrösten.

3. Das Gemüse waschen, putzen und klein schneiden. Mit Schnittlauch mischen, salzen und pfeffern.

4. Quark und Gemüse mischen und die Brotwürfel darüber verteilen.

Für 1 Portion
1 Portion Quark
etwas Mineralwasser
1 Scheibe Roggenvollkornbrot
1 Portion Gemüse
(Staudensellerie, Porree, Möhre)
1 EL frisch geschnittener Schnittlauch
Salz, Pfeffer

REZEPTE
FÜR VEGETARIER

Für 1 Portion
1 Portion Feta
1 Scheibe Roggen-
vollkornbrot
1 Portion Gemüse
(Fenchel, 1 EL
gewürfelte Zwiebel)
1 Knoblauchzehe
100 ml Gemüse-
brühe
Salz, Pfeffer
1 EL Kapern
1 Zweig Rosmarin

Fenchel mit Käsestäbchen

Zubereitung

1. Backofen auf 200 °C (Umluft 180 °C, Gas Stufe 3–4) vorheizen. Ein Backblech mit Backpapier auslegen.

2. Den Käse in 1 Zentimeter dicke Streifen schneiden, auf das Backblech legen und im heißen Backofen 5 bis 8 Minuten erwärmen.

3. Das Roggenvollkornbrot ganz fein zerbröseln. Eine Pfanne ohne Fett erhitzen und darin die Brotbrösel anrösten.

4. Die gerösteten Brotkrümel auf einen Teller geben und die warmen Käsestreifen darin wälzen.

5. Den Fenchel waschen, putzen und in Spalten schneiden. Das Fenchelgrün beiseite legen. Den Knoblauch abziehen und fein hacken.

6. Eine Pfanne ohne Fett erhitzen und darin Knoblauch, Zwiebel und Fenchelspalten etwa 3 Minuten unter Rühren scharf anbraten. Mit der Gemüsebrühe aufgießen und 10 bis 15 Minuten schmoren lassen. Mit Salz und Pfeffer würzen und die Kapern dazugeben.

7. Das Fenchelgrün und den Rosmarin hacken. Den Fenchel auf einem Teller anrichten, die in Brotkrümel gewälzten Käsestreifen dazu reichen und alles mit Fenchelgrün und Rosmarin garnieren.

Für 1 Portion
1 Portion Gemüse
(Salatgurke, 1 EL
gewürfelte Zwiebel,
TK-Spinat)
1–2 TL Currypulver
200 ml Gemüse-
brühe
Salz
1 Portion
Ziegenfrischkäse

Spinatcurry mit Ziegenfrischkäse

Zubereitung

1. Die Gurke waschen, schälen, entkernen und in Stücke schneiden.

2. Gurke und Zwiebel etwa 2 Minuten andünsten. Currypulver dazugeben und anschwitzen lassen. Mit der Brühe ablöschen und salzen.

3. Den Spinat dazugeben und bei mittlerer Hitze etwa 20 Minuten auftauen und garen lassen. Den Käse unter das Curry rühren.

REZEPTE MIT
KÄSE & QUARK

Fenchel mit Käsefüllung

Zubereitung

1. Den Fenchel waschen, putzen und halbieren. Innere Blätter herausschneiden und fein hacken. Die Fenchelhüllen in Salzwasser etwa 5 Minuten blanchieren, herausnehmen und abtropfen lassen.

2. Die Möhre schälen und raspeln. Den Knoblauch abziehen und durch eine Knoblauchpresse drücken.

3. Das Knäckebrot in einem Mixer zu Mehl verarbeiten.

4. Den Käse würfeln, 2 bis 3 Käsewürfel beiseite legen und die restlichen mit einer Gabel fein zerdrücken.

5. Fein gehackte Blätter, Möhre, Knoblauch, Brotmehl und zerdrückten Käse vermischen. Mit Salz, Pfeffer und Muskatnuss würzen.

6. Backofen auf 220 °C (Umluft 200 °C, Gas Stufe 4–5) vorheizen.

7. Die Fenchelhüllen mit der Gemüsemasse füllen und in eine Auflaufform setzen. Etwas Salzwasser angießen und die beiseite gelegten Käsewürfel darüber streuen. Etwa 10 Minuten überbacken.

Für 1 Portion
1 Portion Gemüse
(2/3 Fenchel,
1/3 Möhre)
1 Knoblauchzehe
1 Scheibe Roggenvollkornknäckebrot
1 Portion Feta
Salz, Pfeffer
Muskatnuss

Rucolacremesuppe mit Ziegenkäse

Zubereitung

1. Den Rucola waschen, putzen und in kleine Stücke zupfen.

2. Die Pastinake waschen, schälen und klein würfeln. Die Brühe aufkochen und die Pastinakenwürfel darin bei mittlerer Hitze etwa 10 Minuten köcheln lassen. Rucola (bis auf 1 Esslöffel) dazugeben und weitere 5 Minuten kochen lassen.

3. Die Suppe pürieren. Mit Salz, Pfeffer und Kurkuma würzen. In einem Suppenteller anrichten, den Frischkäse in die Mitte setzen und mit dem restlichen Rucola garnieren.

Für 1 Portion
1 Portion Gemüse
(Rucola, Pastinake)
200 ml Gemüsebrühe
1 Portion Ziegenfrischkäse
Salz, Pfeffer
Kurkuma

REZEPTE FÜR VEGETARIER

Für 1 Portion

1 Portion Gemüse (Porree, Paprika- schote, Pastinake)

1 Knoblauchzehe

150 ml Gemüse- brühe

Salz, Pfeffer

Chilipulver

Currypulver

1 Portion Ziegen- frischkäse

Porree mit Pastinakenhaube (Foto)

Zubereitung

1. Das Gemüse waschen und putzen. Den Porree in Ringe, die Papri- kaschote und die Pastinake in Würfel schneiden. Den Knoblauch abziehen und fein hacken.

2. Knoblauch, Porree und Paprika mit etwas Gemüsebrühe etwa 5 Minuten dünsten. Mit Salz, Pfeffer und Chilipulver würzen.

3. Die Pastinakenwürfel mit der restlichen Brühe aufkochen und in etwa 10 Minuten weich kochen. Überschüssige Brühe abgießen. Den Topfinhalt pürieren und mit Salz, Pfeffer und Currypulver würzen.

4. Den Käse (bis auf 1 Esslöffel) unter das Pastinakenpüree mischen.

5. Backofen auf 220 °C (Umluft 200 °C, Gas Stufe 4–5) vorheizen.

6. Das Porreegemüse in eine feuerfeste Auflaufform geben und das Pastinakenpüree darüber verteilen. Etwa 5 Minuten überbacken.

7. Den Auflauf auf einem Teller anrichten. Den restlichen Ziegen- frischkäse als Erstes verzehren.

Die Pastinakenhaube steht dem Porree- auflauf optisch und geschmacklich gut.

Info Pastinaken sind ein typisches Wintergemüse. Sie sind sehr nähr- stoffreich und eignen sich zum Backen, Kochen und Pürieren.

Für 1 Portion

1 Portion Gemüse (Pastinake, Möhre, 2–3 Blätter Lollo Rosso)

1 Portion Quark

50 ml Gemüsebrühe

1 EL Bio-Apfelessig

Kräutersalz

Pfeffer

Pastinakensalat

Zubereitung

1. Pastinake und Möhre schälen und auf einer Rohkostreibe grob raspeln. Die Salatblätter waschen und abtropfen lassen.

2. Für das Dressing den Quark mit der Gemüsebrühe und dem Essig vermischen. Mit Kräutersalz und Pfeffer würzen.

3. Salatblätter, Gemüse und Dressing auf einem Teller anrichten.

Käsesuppe mit Kräutern

Für 1 Portion
1 Knoblauchzehe
1 EL gewürfelte Zwiebel
1 Portion Ziegenfrischkäse
200 ml Gemüsebrühe
Salz, Pfeffer
Worcestersauce
1/2 TL getrockneter Dill
1 EL frisch geschnittener Schnittlauch
1 Scheibe Roggenvollkornbrot

Zubereitung

1. Den Knoblauch abziehen und zerdrücken. Einen Topf ohne Fett erhitzen und darin Zwiebel und Knoblauch glasig dünsten.

2. Den Ziegenfrischkäse dazugeben und mit der Gemüsebrühe aufgießen. Alles zusammen etwa 10 Minuten bei schwacher Hitze köcheln lassen. Mit Salz, Pfeffer und Worcestersauce würzen. Dill und Schnittlauch unterheben.

3. Die Brotscheibe in feine Würfel schneiden. Eine Pfanne ohne Fett erhitzen und darin die Brotwürfel kross rösten.

4. Die Käsesuppe auf einem Teller anrichten und die gerösteten Brotwürfel darüber streuen.

Gemüsecarpaccio mit Mozzarella

Für 1 Portion
1 Portion Mozzarella
1 Portion Gemüse (Rucola, Möhre, Kohlrabi, Radieschen)
Salz, Pfeffer
Bio-Apfelessig

Zubereitung

1. Mozzarella in möglichst dünne Streifen schneiden.

2. Den Rucola waschen, trockenschleudern und auf einen Teller legen. Möhre, Kohlrabi und Radieschen waschen, putzen und mit einem Gemüsehobel in dünne Scheiben hobeln. Das Kohlrabigrün fein hacken.

3. Das Gemüse auf dem Rucola fächerförmig anrichten. Mit Salz und Pfeffer würzen. Das Ganze mit etwas Bio-Apfelessig beträufeln und die Mozzarellastreifen darüber legen. Das gehackte Kohlrabigrün darüber streuen.

Info Kohlrabiblätter enthalten sehr viel Provitamin A und sollten immer gehackt in Gemüse oder Salat mitverwendet werden.

REZEPTE MIT
KÄSE & QUARK

Gefüllte Zucchini

Zubereitung

1. Backofen auf 225 °C (Umluft 205 °C, Gas Stufe 5) vorheizen.

2. Die Zucchini waschen, längs halbieren und etwas aushöhlen. Mit Salz und Pfeffer würzen. Die Paprikaschote waschen, putzen und in 2 Zentimeter breite Streifen schneiden. Die Gemüsebrühe erhitzen.

3. Den Mozzarella in dünne Scheiben schneiden. Abwechselnd je einen Streifen Paprika und eine Scheibe Mozzarella fächerartig überlappend in die ausgehöhlten Zucchini legen. Mit Salz, Pfeffer und Oregano bestreuen.

4. Die gefüllten Zucchini in eine ofenfeste Form setzen und mit der Brühe angießen. Im heißen Backofen 10 bis 15 Minuten gratinieren. Auf einem Teller anrichten und mit Basilikum garnieren.

Für 1 Portion
1 Portion Gemüse (Zucchini, rote Paprikaschote)
Salz, schwarzer Pfeffer
50 ml Gemüsebrühe
1 Portion Mozzarella
1 TL Oregano
4–5 Blätter Basilikum

Fruchtiger Avocadococktail

Zubereitung

1. Die Avocado halbieren, entsteinen und aushöhlen, dabei sollte ein dünner Rand stehen bleiben. Das Fruchtfleisch würfeln.

2. Die Mango schälen, das Fruchtfleisch vom Kern schneiden und würfeln. Die Oliven entsteinen und in feine Scheiben schneiden.

3. Den Quark mit etwas Mineralwasser glatt rühren. Mit Salz, Pfeffer und Cayennepfeffer würzen. Das Fruchtfleisch von Avocado und Mango, die Olivenscheiben und die Zwiebelwürfel unter den Quark mischen. Nach Bedarf würzen.

4. Die fruchtige Quarkmasse in die Avocadohälften füllen.

Info Die Avocado ist reif, wenn die Schale auf Fingerdruck nachgibt.

Für 1 Portion
1 Portion Gemüse (Avocado, Oliven, 1 EL gewürfelte Zwiebel)
1 Portion Mango
1 Portion Quark
etwas Mineralwasser
Salz, Pfeffer
Cayennepfeffer

REZEPTE MIT
KÄSE & QUARK

Aprikosen mit Ziegenkäse (Foto)

Zubereitung

1. Backofen auf 200 °C (Umluft 180 °C, Gas Stufe 3–4) vorheizen.

2. Den Ziegenkäse in feine Streifen schneiden.

3. Die Aprikosen waschen, halbieren und entsteinen. In einer Pfanne ohne Fett anbraten, dabei mehrmals wenden.

4. Die Aprikosen auf einen feuerfesten Teller geben, mit dem Ziegenkäse belegen und im heißen Backofen kurz überbacken.

Für 1 Portion
1 Portion Ziegenkäse
1 Portion Aprikosen

Aprikosen mit Ziegenkäse – ein idealer Nachtisch.

Brot mit Apfel und Mozzarella

Zubereitung

1. Backofen auf 200 °C (Umluft 180 °C, Gas Stufe 3–4) vorheizen.

2. Das Brot toasten. Knoblauch abziehen, fein hacken und mit Salz fein verreiben. Das getoastete Brot mit dem Knoblauch einreiben.

3. Den Mozzarella in Scheiben schneiden. Den Apfel waschen, entkernen und das Fruchtfleisch in feine Spalten schneiden.

4. Das Brot mit den Apfelspalten und dem Käse belegen. Mit Salz, Paprikapulver und Thymian würzen. Etwa 5 Minuten überbacken.

Für 1 Portion
1 Scheibe Roggenvollkornbrot
1 Knoblauchzehe
Salz
1 Portion Mozzarella
1 Apfel
Paprikapulver
1 TL Thymian

Quark-Himbeer-Shake

Zubereitung

1. Das Vanillemark unter den Quark mischen.

2. Quark, Mineralwasser und 2 Blätter Zitronenmelisse pürieren.

3. Himbeeren dazugeben und kurz aufmixen. In ein hohes Glas füllen und mit den restlichen Zitronenmelisseblättern garnieren.

Für 1 Portion
Mark von 1/2 Vanillestange
1 Portion Quark
250 ml Mineralwasser
3–4 Blätter Zitronenmelisse
1 Portion Himbeeren

REZEPTE FÜR VEGETARIER

Für 1 Portion
1 Portion Mozzarella
1 Portion Mango
6–8 Basilikumblätter
1/2 TL Zitronen-
graspulver
1 EL Bio-Apfelessig
Salz, schwarzer
Pfeffer
50 ml Gemüsebrühe

Mozzarella mit Mango

Zubereitung

1. Mozzarella in Scheiben schneiden. Die Mango schälen, das Fruchtfleisch in feinen Spalten vom Kern schneiden. Mozzarella und Mango abwechselnd dachziegelartig auf einem Teller anrichten.

2. Die Hälfte der Basilikumblätter fein hacken und mit Zitronengraspulver, Essig, Salz, Pfeffer und Gemüsebrühe verrühren. Die Marinade über die Mozzarella-Mango träufeln und mit den restlichen Basilikumblättern garnieren.

Für 1 Portion
1 Grapefruit
1 Portion Quark
etwas Mineralwasser
Salz
1/2 TL frisch
geriebener Ingwer
1 Messerspitze
Zitronengraspulver
1 TL frisch gehackter
Dill

Gefüllte Grapefruit

Zubereitung

1. Die Grapefruit halbieren. Mit einem scharfen Messer das Fruchtfleisch herauslösen und in kleine Stücke schneiden.

2. Den Quark mit etwas Mineralwasser glatt streichen. Mit Salz, Ingwer und Zitronengraspulver würzen. Das Grapefruitfruchtfleisch darunter rühren.

3. Die Grapefruithälften mit der Quarkmischung füllen und mit dem Dill bestreuen.

Info Für den bitteren bzw. herben Geschmack der Grapefruit ist die Substanz Naringin verantwortlich. Bitterstoffe regen den Appetit an und sorgen so für eine gute Verdauung.

Tipp Grapefruit auf nüchternen Magen verzehrt, wirkt darmanregend und entschlackend. Biofrüchte sind beim Einkauf zu bevorzugen, da sie keiner Pestizidbehandlung ausgesetzt werden.

REZEPTE MIT
KÄSE & QUARK

Papaya mit Zitronencreme gefüllt

Zubereitung

1. Den Quark mit etwas Mineralwasser glatt streichen. Die Hälfte der Zitronenmelisseblätter in feine Streifen schneiden.

2. Die Vanillestange längs aufschneiden, das Vanillemark herauskratzen und unter den Quark mischen. Die Melissestreifen und das Zitronengraspulver zum Quark geben und ebenfalls untermischen.

3. Die Papaya halbieren und mit einem Löffel die Kerne entfernen. Die Frucht etwas aushöhlen, das Fruchtfleisch klein hacken und unter den Quark mischen.

4. Die Papayahälften mit der Quarkmasse füllen und mit den restlichen Blättern Zitronemelisse garnieren.

Für 1 Portion
1 Portion Quark
etwas Mineralwasser
4–5 Blätter Zitronen-
melisse
1/2 Vanillestange
1 Messerspitze
Zitronengraspulver
1 Portion reife
Papaya

Grüner Curry-Apfel-Dip zu Gemüse

Zubereitung

1. Den Quark mit etwas Mineralwasser glatt streichen. Currypaste und Bio-Apfelessig unterrühren. Mit Salz und Pfeffer würzen.

2. Apfel waschen, entkernen und grob raspeln. Eine Pfanne erhitzen und darin die Apfelraspel mit wenig Wasser kurz andünsten. Sofort unter den Quark rühren. Den Dip mit Korianderblättchen garnieren.

3. Den Staudensellerie waschen, putzen und in grobe Stifte schneiden. Den Chicorée waschen, putzen und die Blätter einzeln ablösen. Sellerie und Chicorée zusammen mit dem Dip servieren.

Für 1 Portion
1 Portion Quark
etwas Mineralwasser
1 TL grüne Curry-
paste (Asia-Shop)
1 EL Bio-Apfelessig
Salz, schwarzer
Pfeffer
1 Apfel
2 Blätter Koriander-
grün
1 Portion Gemüse
(Staudensellerie,
Chicorée)

Info Früher stellte man oft Quark selbst her, indem man Rohmilch bei Zimmertemperatur den Milchsäurebakterien überließ, die für die Dicklegung der Milch sorgten. Dann wurde die Masse ausgepresst.

REZEPTE FÜR VEGETARIER

Tofu

Tofu, auch Sojabohnenquark genannt, ist eine der wichtigen Eiweißquellen in der vegetarischen Ernährung. Sein hoher Gehalt an essenziellen Aminosäuren, die leichte Verdaulichkeit und letztendlich auch die vielseitigen Verwendungsmöglichkeiten machen ihn zu einem guten Fleischersatz ohne Purine und ohne Cholesterin. Tofu kann man braten, schmoren, dünsten, grillen sowie püriert zur Fertigung von Suppeneinlagen, Frikadellen oder Saucengrundlagen nutzen. Tofu gibt es in verschiedenen Ausführungen, vom eher geschmacksneutralen weichen Tofu bis hin zu herzhaftem Räuchertofu. Wer ihn selbst herstellen mag, findet die entsprechende Anleitung in diesem Buch auf Seite 46. Übrigens ist sein ursprünglich neutraler Geschmack zugleich sein größter Vorteil, denn Tofu nimmt jede Art von Würzung dankbar an.

Tofu hält sich gut eine Woche im Kühlschrank, sofern der Behälter nicht geöffnet wird. Bei täglicher Entnahme bietet es sich jedoch an, jeweils frisches Wasser an den Tofu zu gießen.

Tofu in vielen Variationen. Beliebt nicht nur bei Vegetariern.

TOFU RAFFINIERT
ZUBEREITET

Indian Egg mit Mangold

Zubereitung

1. Den Tofu mit einer Gabel zerdrücken und etwa 50 Milliliter Wasser unterrühren, nach Bedarf mit Hilfe eines Mixers; es soll eine feste Masse werden. Diese mit Currypulver, Ingwerpulver, Salz, Pfeffer und Kurkuma würzen.

2. Den Mangold verlesen, waschen und nach Bedarf in kleine Stücke zerteilen. Mangold in der Gemüsebrühe etwa 5 Minuten dünsten. Mit Salz, Pfeffer und Muskatnuss würzen.

3. Eine Pfanne ohne Fett erhitzen und darin die Zwiebelwürfel glasig dünsten. Den Tofu dazugeben und unter ständigem Rühren zu einer Art Rührei erhitzen. Den Schnittlauch unterrühren.

4. Den Mangold auf einem Teller mit dem Tofu anrichten.

Für 1 Portion
1 Portion Tofu
1/2 TL Currypulver
1 Messerspitze Ingwerpulver
Salz, schwarzer Pfeffer
1/2 TL Kurkuma
1 Portion Gemüse (Mangold, 1 EL gewürfelte Zwiebel)
50 ml Gemüsebrühe
1 Prise frisch geriebene Muskatnuss
1 EL frisch geschnittener Schnittlauch

Räuchertofu auf Paprikakraut

Zubereitung

1. Den Räuchertofu in Würfel schneiden.

2. Das Sauerkraut abtropfen lassen und den Saft auffangen. Sauerkraut bei schwacher Hitze erwärmen, etwas Sauerkrautsaft dazugießen und das Gemüse etwa 15 Minuten zugedeckt köcheln lassen.

3. In der Zwischenzeit den Apfel waschen, entkernen und in kleine Würfel schneiden.

4. Die Apfelwürfel und den Thymian unter das Kraut mischen und für weitere 5 Minuten mitgaren. Das Kraut mit Paprikapulver, Cayennepfeffer und Salz kräftig würzen.

5. Das Paprikakraut auf einem Teller anrichten und die Tofuwürfel darüber verteilen.

Für 1 Portion
1 Portion Räuchertofu
1 Portion Sauerkraut (Dose)
1 Apfel
1 TL Thymian
1 EL edelsüßes Paprikapulver
1 Prise Cayennepfeffer
etwas Salz

REZEPTE FÜR VEGETARIER

Für 1 Portion
1 Portion Räuchertofu
1/2 TL Chilipulver
1/2 TL Oregano
1 Portion Gemüse (Kopfsalat, Frühlingszwiebel, Tomate, Gewürzgurke)
2 Scheiben Roggenvollkornbrot

Das Tofu-Vollkornsandwich lässt sich mit ins Büro nehmen.

Gegrilltes Tofu-Vollkornsandwich (Foto)

Zubereitung

1. Den Tofu in dünne Scheiben schneiden und beidseitig mit Chilipulver und Oregano bestreuen.

2. Den Backofen auf Grillstufe vorheizen. Ein Backblech mit Backpapier belegen.

3. Die Salatblätter waschen und gut abtropfen lassen. Die Frühlingszwiebel waschen, putzen und in dünne Ringe schneiden. Die Tomate waschen, putzen und in dünne Scheiben schneiden. Die Gewürzgurke in feine Scheiben schneiden.

4. Die Tofuscheiben auf das Backblech legen und im heißen Backofen von jeder Seite 2 Minuten grillen. Das Vollkornbrot toasten.

5. Das Sandwich zusammensetzen. Dazu auf eine Scheibe Vollkornbrot Salat, Tofu, Frühlingszwiebel, Gewürzgurke und Tomate schichten. Die zweite Brotscheibe als Abschluss auflegen.

Für 1 Portion
1 Portion Tofu
1 Portion Gemüse (Sauerkraut, 1 EL gewürfelte Zwiebel)
1 Knoblauchzehe
250 ml Gemüsebrühe
1/2 TL Majoran
1/2 TL Thymian
Pfeffer
Kümmel

Sauerkrautsuppe mit Tofu

Zubereitung

1. Den Tofu in Würfel schneiden. Das Sauerkraut mit einer Gabel auflockern. Den Knoblauch abziehen und fein hacken.

2. Einen Topf ohne Fett erhitzen und darin die Zwiebelwürfel und den Knoblauch anbraten. Das Sauerkraut dazugeben und kurz mitbraten. Mit der Gemüsebrühe aufgießen und die Suppe bei mittlerer Hitze etwa 15 Minuten garen.

3. Die Sauerkrautsuppe kräftig mit Majoran, Thymian, Pfeffer und Kümmel würzen. Den Tofu dazugeben und kurz erwärmen.

4. Die Mahlzeit mit einem Bissen Tofu beginnen.

REZEPTE
FÜR VEGETARIER

Für 1 Portion

1 Portion Gemüse
(Schwarzwurzel, 1 EL
gewürfelte Zwiebel)

200 ml Gemüse-
brühe

1 Scheibe Roggen-
vollkornbrot

1 Portion Tofu

1 TL Thymian

1 TL Rosmarin

Salz, Pfeffer

frisch geriebene
Muskatnuss

Überbackene Schwarzwurzel

Zubereitung

1. Die Schwarzwurzel waschen, schälen und in feine Scheiben schneiden. In der Brühe bissfest garen, abtropfen lassen und in eine feuerfeste Auflaufform geben. Die Zwiebel darüber streuen.

2. Das Brot in kleine Würfel schneiden. Eine Pfanne ohne Fett erhitzen und die Brotwürfel darin rundum anrösten.

3. Backofen auf 200 °C (Umluft 180 °C, Gas Stufe 3–4) vorheizen.

4. Den Tofu zerbröseln und mit Thymian und Rosmarin cremig rühren, nach Bedarf etwas Brühe zufügen und pürieren. Es sollte eine dickflüssige Sauce werden. Mit Salz, Pfeffer und Muskatnuss würzen.

5. Die Tofusauce über die Schwarzwurzel gießen und die Brotwürfel darüber streuen. Im heißen Backofen etwa 15 Minuten backen.

Info Schwarzwurzeln zählen wegen ihres hohen Gehaltes an Vitaminen (Provitamin A, Vitamin B1, B2, B3, C und E) und Mineralstoffen (Kalium, Kalzium, Magnesium, Phosphor und Eisen) zu den wertvollsten Gemüsearten. In ihrem dicklichen weißen Milchsaft sind Bitterstoffe enthalten, die eine entgiftende Wirkung auf die Leber haben.

Für 1 Portion

1 Portion Gemüse
(große Champi-
gnons, Oliven)

1 Portion Tofu

1 Knoblauchzehe

1 TL Bio-Apfelessig

etwas Mineralwasser

schwarzer Pfeffer

Cayennepfeffer

1 EL frisch geschnittener Schnittlauch

Champignons mit Olivencreme

Zubereitung

1. Die Champignons putzen und aushöhlen. Die Oliven fein hacken. Den Tofu zerbröseln. Den Knoblauch abziehen und hacken.

2. Tofu, Oliven und Knoblauch mit Essig und etwas Mineralwasser fein pürieren. Mit Pfeffer und Cayennepfeffer kräftig würzen. Schnittlauch unterrühren. Die Champignons mit der Olivencreme füllen.

TOFU RAFFINIERT
ZUBEREITET

Champignons-Tofu-Spieße

Zubereitung

1. Den Tofu in Würfel schneiden. Den Apfel waschen, entkernen und in Würfel schneiden. Die Champignons nach Bedarf putzen.

2. Auf einen Spieß abwechselnd Tofuwürfel, Apfelwürfel und Champignons stecken.

3. Für die Marinade die Gemüsebrühe mit dem Essig verrühren. Die Knoblauchzehe abziehen, zerdrücken und unterrühren. Mit Salz und Pfeffer würzen.

4. Die Tofuspieße mit der Marinade einpinseln und zugedeckt im Kühlschrank 1 Stunde durchziehen lassen.

5. Den Backofen auf Grillstufe vorheizen. Die Spieße auf eine Aluschale legen und im heißen Backofen grillen.

Für 1 Portion
1 Portion Tofu
1 Apfel
1 Portion Champignons
2–3 EL Gemüsebrühe
1 EL Bio-Apfelessig
1 Knoblauchzehe
Salz, schwarzer Pfeffer

Tofu-Dill-Bällchen mit Möhren

Zubereitung

1. Das Knäckebrot in einem Mixer zu Mehl verarbeiten.

2. Den Tofu abtropfen lassen, sehr fein zerdrücken und mit Brotmehl, Meerrettich, Dill, Salz und Pfeffer kräftig durchkneten, bis ein gut gebundener Teig entsteht. Walnussgroße Bällchen daraus formen.

3. Die Brühe aufkochen, die Tofubällchen in die Brühe geben und bei schwacher Hitze etwa 10 Minuten ziehen lassen.

4. Die Möhren waschen, schälen und in Stifte schneiden. Mit etwas Wasser glasig dünsten. Mit Salz und Pfeffer würzen und den Schnittlauch darüber streuen.

5. Das Möhrengemüse mit den Tofu-Dill-Bällchen auf einem Teller anrichten.

Für 1 Portion
1 Scheibe Roggenvollkornknäckebrot
1 Portion Tofu
1/2 TL frisch geriebener Meerrettich
2 EL frisch gehackter Dill
Salz, schwarzer Pfeffer
100 ml Gemüsebrühe
1 Portion Möhren
1 EL frisch geschnittener Schnittlauch

TOFU RAFFINIERT
ZUBEREITET

Chicoréeschiffchen mit Tofu

Zubereitung

1. Den Chicorée waschen, putzen und in einzelne Blättchen teilen. Einen Teil des Chicorées in feine Streifen schneiden. Tomate waschen und in Würfel schneiden. Den Knoblauch abziehen und fein hacken.
2. Eine Pfanne ohne Fett erhitzen und darin den Knoblauch, die Zwiebel- und Tomatenwürfel sowie die Chicoréestreifen andünsten. Nach Bedarf dabei wenig Wasser dazugeben.
3. Den Tofu zerbröseln und mit einer Gabel gut zerdrücken. Den zerdrückten Tofu zu dem Gemüse geben und gut untermischen. Mit Salz, Pfeffer und Meerrettich würzen.
4. Die Masse in die Chicoréeblättchen streichen. Die gefüllten Schiffchen auf einem Teller anrichten und mit Schnittlauch bestreuen.

Info Chicorée wurde durch Zufall von einem belgischen Gärtner im Jahre 1844 entdeckt. In dessen Keller wurde eine Zichorienwurzel vergessen, die in der Dunkelheit neue Triebe entwickelte. Er probierte diese jungen, zarten Triebe und fand sie sehr schmackhaft. Es waren allerdings noch einige Experimente erforderlich, bis letztendlich der Chicorée geerntet werden konnte. Die Pflanze wird zunächst im Freiland angebaut, bis sie genügend Blatt- und Wurzelmasse entwickelt hat. Danach werden die Blätter abgeschnitten und die Wurzeln gerodet und in klimatisierte Treibhäuser gebracht, wo sie gegen Lichteinfall geschützt sind. So wachsen die Chicoréesprossen heran, die wir als Gemüse oder Salat besonders schätzen.

Info Chicorée ist sehr vitamin- und mineralstoffreich. Der enthaltene Bitterstoff Intybin kann einen Magenbitter ersetzen, indem man nach einem schweren Essen ein paar Blätter davon verzehrt.

Für 1 Portion
1 Portion Gemüse (Chicorée, Tomate, 1 EL gewürfelte Zwiebel)
1 Knoblauchzehe
1 Portion Tofu
Salz, Pfeffer
1/2 TL frisch geriebener Meerrettich
1 EL frisch geschnittener Schnittlauch

Chicorée mit Tofu ist ein delikates Essen, zartbitter und gut bekömmlich.

REZEPTE
FÜR VEGETARIER

Sellerie mit Knoblauch-Tofu-Creme

Für 1 Portion
1 Portion Tofu
etwas Mineralwasser
2 Knoblauchzehen
Salz, Pfeffer
1 Messerspitze
Zitronengraspulver
1 Portion Knollen-
sellerie
1 EL gehackte
Petersilie

Zubereitung

1. Den Tofu mit einer Gabel in Stücke teilen und diese mit etwas Mineralwasser in einem Mixer kräftig mixen. Es soll eine sämige Sauce entstehen.

2. Knoblauch abziehen, fein hacken und mit Salz verreiben. Den verriebenen Knoblauch mit Pfeffer und Zitronengraspulver unter den Tofu mischen.

3. Den Backofen auf Grillstufe vorheizen und ein Backblech mit Backpapier belegen.

4. Den Sellerie waschen, putzen und in 0,5 Zentimeter dicke Scheiben schneiden. Mit Salz und Pfeffer würzen. Die Scheiben auf das Backblech legen und im heißen Backofen grillen, bis sie weich sind.

5. Salz und Petersilie in einem Mörser etwas verreiben und über den gegrillten Sellerie streuen.

6. Den Sellerie mit der Knoblauch-Tofu-Creme warm verzehren.

Tofu mit Gemüse süß-sauer

Für 1 Portion
1 Portion Gemüse
(Paprikaschote,
Porree, Möhre, 1 EL
gewürfelte Zwiebel)
1 Portion Tofu
1 Portion Mango
1 EL Bio-Apfelessig
1/2 TL frisch geriebe-
ner Ingwer
1/2 TL Zitronen-
graspulver
Salz, Pfeffer
3–4 Blätter
Koriandergrün

Zubereitung

1. Das Gemüse waschen, putzen und klein schneiden. Tofu in Würfel schneiden. Mango schälen und in Würfel schneiden.

2. Aus 4 bis 5 Esslöffel Wasser, Essig, Ingwer und Zitronengraspulver eine Marinade zubereiten.

3. Eine Pfanne ohne Fett erhitzen und darin die Zwiebelwürfel mit dem Gemüse braten. Den Tofu dazugeben und anbräunen lassen. Die Marinade und die Mangowürfel dazugeben und kurz aufkochen. Mit Salz und Pfeffer würzen. Anrichten und mit Koriandergrün garnieren.

TOFU RAFFINIERT
ZUBEREITET

Salat mit Tofugeschnetzeltem

Für 1 Portion

1 Portion
Räuchertofu

Zubereitung

1. Den Räuchertofu in feine Streifen schneiden. In einer heißen Pfanne die Zwiebel scharf anbraten. Die Tofustreifen dazugeben, mit Thymian, Majoran und beiden Sorten Paprikapulver würzen und kurz braten. Mit der Gemüsebrühe (3 Esslöffel für das Salatdressing zurückbehalten) aufgießen. Das Geschnetzelte etwa 15 Minuten leicht köcheln lassen.

2. Den Salat waschen, putzen und in grobe Stücke zerteilen. Die Gurke schälen und in feine Scheiben schneiden. Lollo Rosso, Eisbergsalat und Gurke in eine Schüssel geben und miteinander vermischen.

3. Für das Dressing den Essig mit der zurückbehaltenen Gemüsebrühe mischen, salzen und pfeffern. Das Dressing unter den Salat heben.

4. Den Salat mit dem Tofugeschnetzelten auf einem Teller anrichten.

1 Portion Gemüse
(1 EL gewürfelte
Zwiebel, Lollo Rosso,
Eisbergsalat, Salatgurke)

1 TL Thymian

1 TL Majoran

je 1 TL scharfes
und edelsüßes
Paprikapulver

100 ml Gemüsebrühe

1 EL Bio-Apfelessig

Salz, Pfeffer

Pastinaken auf geräuchertem Tofu

Für 1 Portion

1 Portion Pastinaken

Zubereitung

1. Die Pastinaken waschen, putzen und in kleine Stücke schneiden.

2. Die Brühe mit den Basilikumblättern aufkochen. Pastinaken dazugeben und bei mittlerer Hitze weich kochen. Die Hälfte der weich gekochten Pastinaken aus der Brühe nehmen und beiseite stellen.

3. Die Brühe mit Essig, Salz und Pfeffer würzen. Den Topfinhalt pürieren. Die beiseite gelegten Pastinakenstücke dazugeben und warm halten.

4. Eine Pfanne ohne Fett erhitzen und darin den Räuchertofu scharf anbraten. Den Tofu auf einem Teller anrichten und die Pastinaken mit der Sauce darüber geben.

150 ml Gemüsebrühe

5 Basilikumblätter

1 EL Bio-Apfelessig

Salz, Pfeffer

1 Portion
Räuchertofu

REZEPTE
FÜR VEGETARIER

Hülsenfrüchte

Hülsenfrüchte enthalten im rohen Zustand ein für den Menschen giftiges Proteingemisch, das erst durch das Kochen zerstört wird. Bohnen sind daher roh nicht genießbar, sie müssen vor dem Verzehr gründlich eingeweicht und gegart werden. Damit Hülsenfrüchte leichter bekömmlich werden, empfiehlt es sich, sie kräftig mit Kümmel, Koriander, Fenchel oder Bohnenkraut zu würzen. Die Produktauswahl an Hülsenfrüchten ist enorm: Von Bohnen, Erbsen und Linsen gibt es vielerlei Sorten, die sich in Geschmack und Kocheigenschaften unterscheiden. Allein bei Linsen gibt es beispielsweise Berglinsen, Beluga-Linsen, braune Linsen und rote Linsen. Je kleiner die Linsen sind, desto schmackhafter sind sie. Weiße Bohnen haben eine dünne Schale und einen hohen Stärkegehalt, deshalb kochen sie weich und mehlig. Kichererbsen schmecken leicht nussig.

Hülsenfrüchte aller Art sind weltweit wertvolle Grundnahrungsmittel. Es gibt Zubereitungen, die unverändert 2000 Jahre überdauert haben und heute noch gern verzehrt werden.

Bohnen müssen mindestens 15 Minuten gekocht werden, um die in ihnen enthaltenen, ungenießbaren Hämagglutinine abzubauen.

HÜLSENFRÜCHTE
ZUM GENIESSEN

Kichererbsensuppe mit Papaya

Zubereitung

1. Die Kichererbsen über Nacht in kaltem Wasser einweichen. Am nächsten Tag das Einweichwasser abgießen. Die Kichererbsen mit frischem Wasser bedecken, etwa 45 Minuten weich kochen und das überschüssige Wasser abgießen.

2. Die Brühe aufkochen. Die Kichererbsen dazugeben und mit Kurkuma, Salz, Pfeffer und Chilipulver würzen. Die Suppe pürieren.

3. Die Papaya schälen, halbieren und die Kerne entfernen. Das Fruchtfleisch würfeln und leicht salzen.

4. Die Suppe in einem Teller anrichten, die Papayawürfel dazugeben und mit Schnittlauchröllchen bestreuen.

Für 1 Portion
1 Portion Kichererbsen
250 ml Gemüsebrühe
1 TL Kurkuma
Salz, Pfeffer
Chilipulver
1 Portion Papaya (nicht zu weich)
1 EL frisch geschnittener Schnittlauch

Kürbis-Linsen-Suppe

Zubereitung

1. Die Linsen in der Gemüsebrühe etwa 30 Minuten kochen, absieben und die Brühe auffangen.

2. Inzwischen den Sellerie waschen, putzen und in grobe Würfel schneiden. Das Fruchtfleisch aus dem Kürbis lösen und in grobe Würfel schneiden. Den Knoblauch abziehen und fein hacken.

3. Sellerie, Kürbis und Knoblauch in die Gemüsebrühe geben, zum Kochen bringen und etwa 10 Minuten köcheln lassen.

4. Die Hälfte der Linsen in die Suppe geben. Die Suppe pürieren und mit Salz, Pfeffer und gemahlenem Koriander würzen.

5. Koriandergrün waschen, trockentupfen, fein hacken und unter die Suppe mischen. Die Suppe auf einem Teller anrichten und die restlichen Linsen dazugeben.

Für 1 Portion
1 Portion Linsen
250 ml Gemüsebrühe
1 Portion Gemüse (Knollensellerie, Kürbis)
1 Knoblauchzehe
Salz, schwarzer Pfeffer
1/2 TL gemahlener Koriander
Koriandergrün

HÜLSENFRÜCHTE
ZUM GENIESSEN

Limabohnen-Champignons-Suppe

Für 1 Portion
1 Portion Lima-
bohnen
1 Portion Gemüse
(Staudensellerie,
Champignons, 1 EL
gewürfelte Zwiebel)
300 ml Gemüse-
brühe
Salz, Pfeffer
1 TL Thymian
1 TL frisch gehackte
Petersilie

Zubereitung

1. Limabohnen über Nacht kalt einweichen. Am nächsten Tag das Einweichwasser verwerfen. Bohnen mit frischem Wasser bedecken, etwa 45 Minuten kochen und überschüssiges Wasser abgießen.

2. Staudensellerie waschen, putzen und in feine Ringe schneiden. Champignons putzen und in feine Scheiben schneiden.

3. Einen Topf ohne Fett erhitzen und darin Zwiebeln, Sellerie und Pilze anbraten. Mit der Gemüsebrühe aufgießen und die Limabohnen dazugeben. Das Ganze etwa 5 Minuten köcheln lassen. Mit Salz und Pfeffer würzen und den Thymian darunter mischen.

4. Die Suppe vor dem Verzehr mit Petersilie bestreuen.

Fruchtiger Kidneybohnentopf (Foto)

Für 1 Portion
1 Portion Kidney-
bohnen
1 Portion Porree
1 Apfel
200 ml Gemüse-
brühe
Salz, weißer Pfeffer
1/2 TL gemahlener
Koriander

Zubereitung

1. Die Kidneybohnen über Nacht in kaltem Wasser einweichen. Am nächsten Tag das Einweichwasser wegschütten. Die Bohnen mit frischem Wasser bedecken, 30 bis 40 Minuten kochen, absieben und abtropfen lassen.

2. Den Porree waschen, putzen und in Ringe schneiden. Den Apfel waschen, entkernen und das Fruchtfleisch in Würfel schneiden.

3. Einen Topf ohne Fett erhitzen und darin die Apfelwürfel mit 1 Esslöffel Wasser kurz andünsten, den Porree dazugeben und unter Rühren mitdünsten. Mit der Gemüsebrühe aufgießen. Mit Salz, Pfeffer und Koriander würzen.

4. Die gegarten Kidneybohnen zum Porreegemüse dazugeben und das Ganze noch weitere 5 Minuten garen. Auf einem Teller anrichten.

*Fruchtiger Kidney-
bohnentopf –
Feines für kalte Tage.*

REZEPTE
FÜR VEGETARIER

Für 1 Portion
1 Portion weiße Bohnen
1 Portion Gemüse (Artischocken aus dem Glas, gelbe Paprikaschote, Tomate)
1 Knoblauchzehe
200 ml Gemüsebrühe
Salz, Pfeffer

Bohnen mit Artischockensauce

Zubereitung

1. Die weißen Bohnen über Nacht in kaltem Wasser einweichen. Am nächsten Tag das Einweichwasser verwerfen. Die Bohnen mit frischem Wasser bedecken und etwa 40 Minuten kochen, absieben, abtropfen lassen und warmstellen.

2. Für die Sauce die Artischocken aus dem Glas nehmen, abtropfen lassen und in feine Scheiben schneiden. Die Paprikaschote waschen, putzen und in kurze Streifen schneiden. Die Tomate waschen, putzen und in Würfel schneiden. Den Knoblauch abziehen und fein hacken.

3. Eine Pfanne ohne Fett erhitzen und darin den Knoblauch und die Artischocken anbraten. Die Paprikastreifen dazugeben und kurz mitbraten. Mit der Gemüsebrühe aufgießen, aufkochen lassen und bei mittlerer Hitze etwa 10 Minuten köcheln lassen.

4. Den Pfanneninhalt zu einer Sauce pürieren und mit Salz und Pfeffer kräftig würzen. Die Tomatenwürfel unter die Sauce mischen. Die Bohnen auf einem Teller mit der Sauce anrichten.

Für 1 Portion
1 Portion Mungobohnen
1 Portion Blumenkohl
100 ml Gemüsebrühe
Salz, Pfeffer
1 EL frisch gehackter Thymian
1 EL frisch geschnittener Schnittlauch

Blumenkohl mit Mungobohnen

Zubereitung

1. Die Mungobohnen über Nacht in kaltem Wasser einweichen. Das Einweichwasser verwerfen. Bohnen mit frischem Wasser bedecken, etwa 30 Minuten kochen, absieben und gut abtropfen lassen.

2. Den Blumenkohl waschen, putzen und in kleine Röschen teilen. In der Brühe etwa 10 Minuten zugedeckt köcheln lassen.

3. Die Mungobohnen zum Blumenkohl geben, salzen und pfeffern. Die Kräuter unter das Gericht mischen.

HÜLSENFRÜCHTE
ZUM GENIESSEN

Bolognese von roten Linsen

Für 1 Portion

1 Portion Gemüse (Möhre, Staudensellerie, 1 EL gewürfelte Zwiebel)

1 Knoblauchzehe

1/4 TL Fenchelsamen

1 Portion rote Linsen

100 ml Gemüsebrühe

Salz, Pfeffer

Muskatnuss

1 TL gehackte Petersilie

1/2 TL Oregano

Zubereitung

1. Die Möhre waschen, schälen und raspeln. Sellerie waschen, putzen und in feine Würfel schneiden, das Selleriegrün fein hacken. Knoblauch abziehen und in feine Scheiben schneiden. Die Fenchelsamen in einem Mörser zerstoßen.

2. Einen Topf ohne Fett erhitzen und darin die Linsen unter Rühren gut anrösten. Die Zwiebelwürfel und die Möhrenraspel dazugeben und ebenfalls anbraten. Mit der Brühe aufgießen und etwa 15 Minuten köcheln lassen. Die Selleriewürfel und den Knoblauch dazugeben.

3. Wenn die Linsen weich sind, mit Salz, Pfeffer, Muskatnuss und Fenchel würzen. Nach Bedarf noch etwas Wasser angießen, die Sauce soll die Konsistenz von einer Bolognesesauce haben.

4. Petersilie, Oregano und Selleriegrün mischen und darüber streuen.

Weißkohl-Apfel-Salat

Für 1 Portion

1 Portion Kichererbsen

50 ml Gemüsebrühe

1 EL Bio-Apfelessig

Salz, Pfeffer

1 Portion Weißkohl

1 Prise gemahlener Kümmel

1 Apfel

Zubereitung

1. Die Kichererbsen über Nacht in kaltem Wasser einweichen. Das Einweichwasser verwerfen. Die Kichererbsen mit frischem Wasser bedecken, etwa 45 Minuten kochen, absieben und abtropfen lassen.

2. Für das Dressing die Brühe aufkochen, die Hälfte der Kichererbsen dazugeben und sämig pürieren. Mit Essig, Salz und Pfeffer würzen.

3. Kohl putzen, die Blätter einzeln ablösen, waschen, in feine Streifen schneiden und salzen. Nach 5 Minuten das Kraut kräftig durchkneten, Kümmel untermischen und etwa 10 Minuten durchziehen lassen.

4. Den Apfel waschen, entkernen und in feine Spalten schneiden.

5. Alles vermengen und würzen. Salat mit dem Dressing anrichten.

REZEPTE
FÜR VEGETARIER

Für 1 Portion

1 Portion Schwarz-
augenbohnen

1 kleiner
Knollensellerie

1 Knoblauchzehe

1 TL frisch gehackter
Thymian

Salz, Pfeffer

Currypulver

Gefüllter Knollensellerie

Zubereitung

1. Die Schwarzaugenbohnen über Nacht in kaltem Wasser einweichen. Am nächsten Tag das Einweichwasser verwerfen. Die Bohnen
mit frischem Wasser bedecken, etwa 45 Minuten kochen, abgießen
und abtropfen lassen.

2. Den Knollensellerie waschen, schälen und in reichlich Salzwasser
8 Minuten kochen. Kalt abschrecken und gut abtropfen lassen. Einen
0,5 Zentimeter dicken Deckel abschneiden und die Knolle vorsichtig aushöhlen. Das Selleriefruchtfleisch klein schneiden. Knoblauch
abziehen und in feine Scheiben schneiden.

3. Einen Topf ohne Fett erhitzen und darin das Selleriefleisch mit
Knoblauch und Thymian andünsten, nach Bedarf etwas Wasser dazugeben. Die Schwarzaugenbohnen (bis auf 1 Esslöffel) dazugeben und
kräftig mit Salz, Pfeffer und Currypulver würzen. Die Masse pürieren.

4. Den Backofen auf Grillstufe vorheizen.

5. Die Bohnencreme in die Sellerieknolle füllen. Die Sellerieknolle
unten den Grill setzen, den Deckel daneben legen und etwa 5 Minuten grillen, dabei den Deckel einmal wenden.

6. Die gegrillte und gefüllte Sellerieknolle auf einem Teller mit den
beiseite gelegten Schwarzaugenbohnen anrichten und den Deckel
darauf setzen.

Info Schwarzaugenbohnen, auch Augenbohnen oder Kuhbohnen
genannt, erhielten ihren Namen aufgrund der Tatsache, dass sie auf
hellem Untergrund einen schwarzen Fleck an ihrem Nabel tragen.

Tipp Die Kochzeiten von Bohnen unterscheiden sich von Sorte zu
Sorte. Am besten richtet man sich nach der Packungsanleitung.

*Sellerie und Bohnen
sind eine ausgezeich-
nete Kombination von
Gemüse und Protein.*

Okracurry mit weißen Bohnen

Für 1 Portion

1 Portion weiße Bohnen (Dose)

1 Portion Gemüse (Okra, 1/2 Tomate, 1 EL gewürfelte Zwiebel)

250 ml Gemüsebrühe

1 EL Currypulver

Salz

2–3 Blätter Koriandergrün

Zubereitung

1. Die Bohnen unter kaltem Wasser abspülen. Abtropfen lassen.

2. Die Okra putzen und in 1 Zentimeter dicke Scheiben schneiden. Salzwasser aufkochen und die Okra darin etwa 10 Minuten köcheln lassen. Abgießen und abtropfen lassen. Die Tomate würfeln.

3. Einen Topf ohne Fett erhitzen und darin die Zwiebel anrösten. Tomate und Bohnen dazugeben und kurz mitdünsten. Mit der Brühe aufgießen und etwa 10 Minuten bei mittlerer Hitze köcheln lassen. Mit Currypulver und Salz würzen. Die Okra unterheben.

4. Das Okracurry mit Korianderblättern garnieren.

Braune-Bohnen-Salat

Für 1 Portion

1 Portion braune Bohnen

1 Portion Gemüse (Frühlingszwiebel, rote Paprikaschote, Salatgurke)

1 Knoblauchzehe

Nelken

Kardamom

200 ml Gemüsebrühe

1 EL Bio-Apfelessig

Salz

Zitronenpfeffer

Chilipulver

Zubereitung

1. Die Bohnen über Nacht kalt einweichen. Am nächsten Tag das Einweichwasser verwerfen. Die Bohnen mit frischem Wasser bedecken, etwa 45 Minuten kochen und überschüssiges Wasser abgießen.

2. Gemüse waschen, putzen und in feine Ringe bzw. Streifen schneiden. Knoblauch abziehen und fein schneiden. Nelken und Kardamom in einem Mörser fein zerreiben. Eine Pfanne ohne Fett erhitzen und darin den Knoblauch mit den zerriebenen Gewürzen anbraten. Das Gemüse dazugeben, kurz mitbraten, mit 3 bis 4 Esslöffel Wasser ablöschen und etwa 5 Minuten köcheln lassen.

3. Für das Dressing die Gemüsebrühe erwärmen und mit Essig, Salz, Zitronenpfeffer und Chilipulver würzen. 2 Esslöffel gekochte Bohnen dazugeben und mit einem Pürierstab aufmixen.

4. Alles vermischen. Den Salat 1 Stunde gut durchziehen lassen.

Steckrübe mit Adzukibohnen

Zubereitung

1. Die Adzukibohnen über Nacht in kaltem Wasser einweichen. Am nächsten Tag das Einweichwasser verwerfen. Die Bohnen mit frischem Wasser bedecken, etwa 40 Minuten kochen, absieben, abtropfen lassen und warm stellen.

2. Die Steckrübe waschen, schälen und in Würfel schneiden. Den Porree waschen, putzen und in Ringe schneiden.

3. Einen Topf erhitzen und darin die Zwiebel- und Steckrübenwürfel etwa 5 Minuten unter Rühren anbraten. Mit der Gemüsebrühe aufgießen. Den Porree und das Lorbeerblatt dazugeben und alles etwa 20 Minuten bei mittlerer Hitze garen. Mit Salz und Pfeffer würzen. Das Lorbeerblatt entfernen.

4. Die Adzukibohnen mit dem Gemüse auf einem Teller anrichten und mit Petersilie bestreuen.

Für 1 Portion

1 Portion Adzukibohnen

1 Portion Gemüse (Steckrübe, Porree, 1 EL gewürfelte Zwiebel)

200 ml Gemüsebrühe

1 Lorbeerblatt

Salz, Pfeffer

1 EL frisch gehackte Petersilie

Limabohnen-Weißkohl-Pfanne

Zubereitung

1. Die Bohnen über Nacht kalt einweichen. Am nächsten Tag das Einweichwasser verwerfen. Die Bohnen mit frischem Wasser bedecken, etwa 45 Minuten kochen und überschüssiges Wasser abgießen.

2. Den Weißkohl putzen, waschen und in feine Streifen schneiden. Knoblauch abziehen und fein hacken.

3. Eine Pfanne ohne Fett erhitzen und darin Zwiebel, Knoblauch und Weißkohl kräftig anbraten. Bohnen dazugeben und kurz mitbraten. Die Brühe aufgießen und alles zusammen etwa 10 Minuten köcheln lassen. Mit Salz, Pfeffer, Kurkuma und Ingwer würzen. Heiß servieren.

Für 1 Portion

1 Portion Limabohnen

1 Portion Gemüse (Weißkohl, 1 EL gewürfelte Zwiebel)

1 Knoblauchzehe

250 ml Gemüsebrühe

Salz, Pfeffer

1 TL Kurkuma

1 TL fein gehackter frischer Ingwer

REZEPTE
FÜR VEGETARIER

Sprossen

Was in der Vollwertküche seit jeher geschätzt wird, trifft auch für die vegetarische Küche zu: Sprossen sind die reinsten Vitalstoffbomben und hochwertige Nahrungsmittel. Jeder Samen, der zum Keimen kommt, setzt alle Stoffe frei, die eine junge Pflanze zum Wachsen in den ersten Lebenstagen benötigt. Und genau da greift der Mensch ein und sichert sich dieses Reservoir an Eiweißen, Fetten, Kohlenhydraten, Vitaminen, Mineralstoffen und Spurenelementen. Einmal geerntet, sind Sprossen im Kühlschrank 1 bis 2 Tage haltbar. Bohnenkernsprossen sollten dabei immer nur gegart verzehrt werden, da sie Eiweißstoffe enthalten, die im Rohzustand nicht bekömmlich sind. Einige Sprossenarten wie z. B. Radieschen-, Rettich-, Senf- und Bockshornkleesprossen sind im Geschmack sehr scharf. Sie eignen sich daher eher zum Würzen von Speisen.

Werden Sprossen zum Würzen eingesetzt, reichen meist 10 bis 15 Gramm, um den Speisen eine besondere Note zu verleihen. Das trifft auf alle Sprossen zu, die einen leicht scharfen Geschmack ausbilden.

Sprossen liefern hochwertiges Eiweiß und sorgen für feinen Geschmack.

GERICHTE
MIT SPROSSEN

Bambussprossensuppe

Zubereitung

1. Die Bambussprossen in Streifen schneiden. Die Aubergine waschen, putzen und würfeln. Das Kürbisfruchtfleisch würfeln. Die Chilischote putzen und in feine Ringe schneiden. Die Limettenblätter klein hacken.

2. Die Gemüsebrühe zum Kochen bringen. Zitronengras und Limettenblätter dazugeben und 1 Minute kochen lassen. Bambussprossen, Aubergine, Kürbis und Chiliringe dazugeben und etwa 10 Minuten köcheln lassen.

3. Das Zitronengras entfernen. Die Suppe mit Salz, Pfeffer und Worcestersauce würzen. Basilikum fein hacken und darüber streuen.

Für 1 Portion
1 Portion Bambussprossen
1 Portion Gemüse (Aubergine, Kürbis)
1 Chilischote
3 Limettenblätter
250 ml Gemüsebrühe
1 Zitronengrasstängel
Salz, Pfeffer
1 Spritzer Worcestersauce
6 Basilikumblätter

Blumenkohlsuppe mit Sprossen

Zubereitung

1. Den Blumenkohl waschen, putzen und in kleine Röschen zerteilen.

2. Einen Topf ohne Fett erhitzen und darin die Zwiebel und die Blumenkohlröschen unter Rühren kurz braten. Mit Currypulver und Kurkuma würzen und mit der Gemüsebrühe aufgießen. Aufkochen und bei mittlerer Hitze etwa 10 Minuten köcheln lassen. 2 bis 3 Röschen herausnehmen und den restlichen Blumenkohl pürieren.

3. Die Linsensprossen ganz kurz in kochendem Wasser blanchieren, kalt abspülen und abtropfen lassen.

4. Die Linsensprossen und die zurückbehaltenen Blumenkohlröschen in die Suppe geben. Nochmals kurz erwärmen und würzen.

Tipp Statt Linsensprossen andere Sprossen wählen.

Für 1 Portion
1 Portion Gemüse (Blumenkohl, 1 EL gewürfelte Zwiebel)
1/2 TL Currypulver
1/2 TL Kurkuma
200 ml Gemüsebrühe
1 Portion Linsensprossen

REZEPTE
FÜR VEGETARIER

Zucchinisuppe mit Sprossen

Für 1 Portion

1 Portion Gemüse
(Zucchini, rote
Paprikaschote, 1 EL
gewürfelte Zwiebel)

1 Knoblauchzehe

200 ml Gemüse-
brühe

Salz, Pfeffer

1 Portion Mungo-
bohnensprossen

1 EL frisch
gehackter Dill

Zubereitung

1. Zucchini waschen, schälen und der Länge nach halbieren. Das Fruchtfleisch mit einem Teelöffel herauskratzen und würfeln. Knoblauch abziehen und fein hacken.

2. Einen Topf ohne Fett erhitzen und darin die Zwiebelwürfel und den Knoblauch kräftig anbraten. Die Zucchiniwürfel (1 Esslöffel zur Seite legen) in den Topf geben und etwas anbraten lassen. Die Gemüsebrühe dazugeben. Alles mit Salz und Pfeffer würzen, zum Kochen bringen und etwa 10 Minuten garen.

3. Die Paprikaschote waschen, putzen und fein würfeln. Die Mungobohnensprossen blanchieren, kalt abspülen und abtropfen lassen.

4. Die Zucchinisuppe pürieren. Die restlichen Zucchiniwürfel, die Paprikawürfel und die Sprossen zur Suppe geben und weitere 5 Minuten mitgaren.

5. Die Suppe auf einem vorgewärmten Teller anrichten und mit Dill bestreuen.

Feldsalat mit Linsensprossen

Für 1 Portion

1 Portion Feldsalat

1 Portion
Linsensprossen

frischer Ingwer

50 ml kalte
Gemüsebrühe

1 EL Bio-Apfelessig

Salz, Pfeffer

Zubereitung

1. Den Feldsalat waschen, putzen und abtropfen lassen. Linsensprossen blanchieren, kalt abspülen und ebenfalls gut abtropfen lassen.

2. Für das Salatdressing den Ingwer schälen und fein reiben, je nach Geschmack etwa 1/2 Teelöffel voll. Die Gemüsebrühe mit dem Essig verrühren und mit Salz, Pfeffer und Ingwer würzen.

3. Den Feldsalat mit den Linsensprossen auf einem Teller anrichten und das Salatdressing darüber gießen.

GERICHTE
MIT SPROSSEN

Melonensalat mit Alfalfasprossen

Für 1 Portion
1 Portion Rucola
1 Portion Netzmelone
1 Portion Alfalfasprossen
50 ml kalte Gemüsebrühe
1 EL Bio-Apfelessig
Salz, schwarzer Pfeffer
frisch geriebene Muskatnuss

Zubereitung

1. Den Rucola verlesen, waschen und gut abtropfen lassen. Die Melone schälen, das Fruchtfleisch von den Kernen befreien und in kleine Würfel schneiden. Die Alfalfasprossen in einem Sieb heiß abspülen. Alle drei Zutaten in einer Schüssel miteinander vermischen.

2. Für das Salatdressing die Gemüsebrühe mit dem Essig verrühren und mit Salz, Pfeffer und Muskatnuss würzen. Das Salatdressing über den Salat geben. Den Salat auf einem Teller anrichten und mit etwas frisch gemahlenem Pfeffer würzen.

Info Melonen sind Kürbisgewächse, dennoch zählen sie zum Obst und nicht zum Gemüse. Melonen enthalten unter anderem Vitamin B6, das vor allem für den Eiweißstoffwechsel wichtig ist.

Salat mit Kichererbsensprossen

Für 1 Portion
1 Portion Kichererbsensprossen
1 Portion Blattsalat
1 Portion Honigmelone
3 EL kalter weißer Tee
1 EL Bio-Apfelessig
1 Messerspitze frisch geriebener Meerrettich
Salz, Pfeffer
1 TL gehackter Dill

Zubereitung

1. Die Kichererbsensprossen kurz in kochendem Wasser blanchieren, kalt abspülen, abtropfen lassen und in einer Pfanne ein paar Minuten braten.

2. Den Blattsalat waschen, putzen und die Blätter in mundgerechte Stücke zerpflücken.

3. Das Fruchtfleisch der Melone schälen und in Würfel schneiden.

4. Für das Salatdressing den Tee mit dem Essig und dem Meerrettich verrühren. Mit Salz und Pfeffer würzen.

5. Salatblätter, Sprossen und Dill mit dem Dressing mischen und auf einem Teller anrichten. Die Melonenwürfel darauf verteilen.

REZEPTE
FÜR VEGETARIER

Roggennudeln mit Sprossengemüse

Für 1 Portion

2 Scheiben Roggen-
vollkornknäckebrot

Salz

1 Portion Gemüse
(Champignons,
Frühlingszwiebel,
1 EL gewürfelte
Zwiebel)

1 Knoblauchzehe

1 Portion Mungo-
bohnensprossen

50 ml Gemüsebrühe

Pfeffer

Zubereitung

1. Das Roggenvollkornknäckebrot in einem Mixer zu Mehl vermahlen. Das Mehl in eine Schüssel geben, leicht salzen und mit maximal 5 Esslöffel Wasser zu einem Teig anrühren.

2. Backofen vorheizen auf 150 °C (Umluft 130 °C, Gas Stufe 1). Ein Backblech mit Backpapier auslegen. Den Teig in eine Spätzlepresse geben und auf das Blech drücken. Das Backblech in den warmen Backofen schieben und die Nudeln zirka 15 Minuten trocknen lassen.

3. Die Champignons putzen und in feine Streifen schneiden. Die Frühlingszwiebel waschen, putzen und in feine Ringe schneiden, das Frühlingszwiebelgrün klein hacken und beiseite legen. Den Knoblauch abziehen und fein hacken. Die Mungobohnensprossen blanchieren, kurz kalt abspülen und abtropfen lassen.

4. Eine Pfanne ohne Fett erhitzen und darin Knoblauch, Zwiebelwürfel, Frühlingszwiebelringe und Champignons unter Rühren 2 bis 3 Minuten anbraten. Die Sprossen dazugeben und kurz mitdünsten. Mit der Gemüsebrühe aufgießen und aufkochen lassen.

5. Die Roggennudeln dazugeben, mit Salz und Pfeffer würzen und kurz ziehen lassen. Mit dem gehackten Frühlingszwiebelgrün bestreut servieren.

Tipp Die Roggennudeln schon einen Tag vorher zubereiten, damit sie schön austrocknen können. Aus 2 Scheiben Knäckebrot (etwa 20 Gramm Roggenmehl) bekommt man etwa 50 Gramm Roggennudeln.

Kernig, deftig und mit gutem Biss schmecken diese Roggennudeln mit Sprossengemüse besonders gut.

Tipp Ab Phase 3 kann man auch reine Roggenvollkornnudeln verwenden; Trockengewicht 20 Gramm.

REZEPTE
FÜR VEGETARIER

Für 1 Portion
1 Portion Soja-
bohnensprossen
1 Portion
Eichblattsalat
1 Birne
50 ml Gemüsebrühe
1 EL Bio-Apfelessig
Salz, Pfeffer
1 Messerspitze
Senfpulver
1 Scheibe Roggen-
vollkornbrot
1 EL frisch geschnit-
tener Schnittlauch

Birnensalat mit Sojabohnensprossen

Zubereitung

1. Die Sojasprossen blanchieren, kalt abspülen und abtropfen lassen. Den Eichblattsalat waschen, putzen und in mundgerechte Stücke teilen. Die Birne waschen, entkernen und das Fruchtfleisch in kleine Würfel schneiden. Alle drei Zutaten in eine Schüssel geben.

2. Für das Salatdressing die Gemüsebrühe mit dem Essig verrühren und mit Salz, Pfeffer und Senfpulver würzen. Das Dressing unter den Salat mischen.

3. Das Brot in Würfel schneiden. Eine Pfanne erhitzen und darin die Brotwürfel unter Rühren gut anrösten.

4. Den Salat auf einem Teller anrichten, die gerösteten Brotwürfel darüber verteilen und alles mit Schnittlauch bestreuen.

Für 1 Portion
1 Portion Adzuki-
bohnensprossen
1 Portion Gemüse
(Sauerkraut, grüne
Paprikaschote)
1 Apfel
50 ml Gemüsebrühe
1 EL Bio-Apfelessig
Salz, Pfeffer

Sauerkrautsalat mit Sprossen

Zubereitung

1. Die Adzukibohnensprossen blanchieren und abtropfen lassen.

2. Das Sauerkraut auseinanderzupfen. Die Paprikaschote waschen, putzen und in feine Würfel schneiden. Den Apfel waschen, entkernen und klein würfeln. Diese drei Zutaten vermengen.

3. Für das Salatdressing die Gemüsebrühe mit dem Essig verrühren und mit Salz und Pfeffer würzen. Die Sprossen unter die Sauerkraut-mischung heben und mit dem Dressing würzen.

Tipp Der saure Geschmack lässt sich durch die Beigabe von etwas geriebenem Apfel abmildern. Klassische Gewürze zu Sauerkraut sind Lorbeer, Wacholderbeeren, Bohnenkraut und Kümmel.

GERICHTE
MIT SPROSSEN

Löwenzahnsalat mit Möhrendressing

Für 1 Portion
1 Portion Gemüse
(junge Löwenzahn-
blätter, Möhre)
50 ml Gemüsebrühe
Salz, Pfeffer
1 Messerspitze
Zitronengraspulver
1 EL Bio-Apfelessig
1 Portion Alfalfa-
sprossen

Zubereitung

1. Die Löwenzahnblätter verlesen, waschen und abtropfen lassen.

2. Für das Dressing die Möhre waschen, schälen und in Scheiben schneiden. Mit der Gemüsebrühe zum Kochen bringen und etwa 15 Minuten garen. Die Möhre pürieren und mit Salz, Pfeffer, Zitronengraspulver und Essig würzen.

3. Alfalfasprossen unter heißem Wasser abspülen, abtropfen lassen.

4. Sprossen und Löwenzahnblätter miteinander vermischen, auf einem Teller anrichten und mit dem Möhrendressing übergießen.

Info Die Bitterstoffe des weißen Milchsafts in den Blättern und Wurzeln des Löwenzahns entlasten die Galle bei der Fettverdauung.

Tipp Junge, knackige Löwenzahnblätter mit Olivenöl, gebratenen Zwiebeln, Essig, Salz, Pfeffer und gehobeltem Parmesankäse (in Phase 3) anmachen.

Linsensprossen auf Apfelscheiben

Für 1 Portion
1 Portion Linsen-
sprossen
1 Portion Gemüse
(Knollensellerie,
Möhre)
1 EL Bio-Apfelessig
Salz, Pfeffer
1 Apfel
1 EL frisch geschnit-
tener Schnittlauch

Zubereitung

1. Die Linsensprossen blanchieren, kalt abspülen und abtropfen lassen. Sellerie und Möhre waschen, schälen und grob raspeln.

2. Sellerie, Möhre und Sprossen miteinander vermischen und mit Essig, Salz und Pfeffer würzen.

3. Den Apfel waschen, entkernen und in feine Spalten schneiden. Die Apfelspalten kreisförmig auf einem Teller anrichten und in die Mitte den Linsensprossensalat setzen. Mit Schnittlauch bestreuen.

GERICHTE
MIT SPROSSEN

Sprossensushi

Zubereitung

1. Aubergine waschen, putzen und längs in feine Scheiben schneiden. Avocado aus der Schale lösen und zerdrücken. Paprikaschote waschen, putzen und das Fruchtfleisch in feine Streifen schneiden.
2. Eine Pfanne ohne Fett erhitzen und darin die Auberginenscheiben mit etwas Gemüsebrühe etwa 2 Minuten dünsten. Aus der Pfanne nehmen und auf Küchenpapier legen.
3. Die Sojabohnensprossen blanchieren, kalt abspülen und abtropfen lassen. In der heißen Pfanne kurz dünsten, dabei nach Bedarf etwas Gemüsebrühe dazugeben. Mit Salz, Pfeffer, Ingwer und Zitronengraspulver würzen.
4. Die Auberginenscheiben mit Avocadocreme bestreichen, Sprossen darauf verteilen, 1 bis 2 Paprikastreifen darauf legen und aufrollen. Die Rollen mit Zahnstocher fixieren. Die restlichen Paprikastreifen so darauflegen, dass sie nur bei einer Öffnung hervorstehen.
5. Die gefüllten Auberginenscheiben mit der Öffnung nach oben auf einen Teller setzen.

Info Ingwer ist ein beliebtes Gewürz der indischen Küche. Dabei handelt es sich – botanisch betrachtet – um ein Rhizom, also um eine gestauchte Sprossachse, die unterirdisch in horizontaler Richtung wächst. Ingwer wird als Verdauungshilfe geschätzt, da er die Gallensaftproduktion anregt. Er schmeckt recht scharf.

Tipp Morgens ein Stück frischen Ingwer schälen und in Wasser aufkochen. So erhält man ein belebendes Getränk für den ganzen Tag.

Tipp Gerichte mit Avocado immer frisch verzehren.

Für 1 Portion
1 Portion Gemüse (Aubergine, Avocado, Paprikaschote)
50 ml Gemüsebrühe
1 Portion Sojabohnensprossen
Salz, Pfeffer
1/2 TL fein geriebener Ingwer
1 Messerspitze Zitronengraspulver

Sprossensushi sind raffiniert und wohlschmeckend zugleich.

REZEPTE FÜR VEGETARIER

Für 1 Portion
1 Portion
Linsensprossen
1 Portion Gemüse
(Aubergine,
Oliven, Tomate)
Salz
50 ml Gemüsebrühe
1 Zweig Thymian

Gemüselasagne

Zubereitung

1. Die Linsensprossen blanchieren, abspülen und abtropfen lassen.

2. Die Aubergine waschen, längs in dünne Scheiben schneiden und salzen. Die Oliven entkernen und in feine Scheiben schneiden. Die Tomate waschen und in feine Würfel schneiden.

3. Eine Pfanne ohne Fett erhitzen, darin die Auberginenscheiben kurz anbraten und wieder herausnehmen.

4. Backofen auf 180 °C (Umluft 160 °C, Gas Stufe 2–3) vorheizen.

5. In eine feuerfeste Form abwechselnd eine Auberginenscheibe, einen Teil der Sprossen sowie Olivenscheiben und Tomatenwürfel schichten. Mit einer Auberginenscheibe abschließen. Die Gemüse-brühe zugießen. Die Form in den heißen Backofen stellen und die Gemüselasagne 10 bis 15 Minuten backen.

6. Den Thymian fein hacken und über die Gemüselasagne streuen.

Für 1 Portion
1 Portion Mungo-
bohnensprossen
1 Portion Gemüse
(grüner Spargel,
Schalotten)
1 Knoblauchzehe
1 Stange
Zitronengras
50 ml Gemüsebrühe
Salz, Pfeffer
2 Stängel
Zitronenmelisse

Gebratenes Sprossengemüse

Zubereitung

1. Die Sprossen blanchieren, kalt abspülen und abtropfen lassen. Den Spargel waschen, nach Bedarf schälen und schräg in dünne Scheiben schneiden. Die Schalotten abziehen und fein würfeln. Den Knoblauch abziehen und fein hacken.

2. Einen Wok erhitzen und darin die Schalotten, den Knoblauch und das Zitronengras 2 Minuten anbraten. Die Sprossen und den Spargel dazugeben und weitere 3 bis 4 Minuten unter Rühren braten. Die Brühe angießen und das Zitronengras entfernen. Salzen und pfeffern.

3. Das Gemüse mit den Blättern der Zitronenmelisse garnieren.

GERICHTE
MIT SPROSSEN

Mangocurry mit Sprossen

Zubereitung

1. Die Mango schälen, das Fruchtfleisch vom Kern lösen und in Würfel schneiden. Alle Gewürze inklusive Salz in einem kleinen Schälchen mischen. Einen Topf ohne Fett erhitzen und darin die Gewürze unter Rühren anrösten. Die Mangowürfel dazugeben und alles bei mittlerer Hitze etwa 10 Minuten dünsten.

2. Den Porree und die Frühlingszwiebel waschen, putzen und in feine Ringe schneiden. Die Kichererbsensprossen ganz kurz in kochendem Wasser blanchieren, kalt abspülen und abtropfen lassen.

3. Kichererbsensprossen, Porree und Frühlingszwiebel zu dem Mangocurry geben, untermischen und weitere 5 Minuten garen.

4. Das Mangocurry mit den Schnittlauchröllchen bestreuen.

Für 1 Portion
1 Portion Mango
1/2 TL Bockshorn-
kleesamen
1/2 TL Kurkuma
1/2 TL gemahlener
Koriander
1 Messerspitze Zimt
Salz
1 Portion Gemüse
(Porree, Frühlings-
zwiebel)
1 Portion Kicher-
erbsensprossen
1 EL frisch geschnit-
tener Schnittlauch

Sojabohnenkroketten

Zubereitung

1. Die Pastinaken waschen, putzen und klein schneiden. In wenig Salzwasser weich kochen.

2. Die Sojabohnensprossen blanchieren, kalt abspülen und abtropfen lassen. Die Hälfte der Sprossen unter die Pastinaken mischen und mit Salz, Pfeffer und Paprikapulver würzen.

3. Das Knäckebrot in einem Mixer zu Mehl verarbeiten. Das Mehl zum Gemüse geben. Alles pürieren und zu einem Teig verkneten. Kroketten formen und diese in den restlichen Sprossen wälzen.

4. Backofen auf 200 °C (Umluft 180 °C, Gas Stufe 3–4) vorheizen. Die Kroketten auf ein Backblech legen und im heißen Backofen etwa 30 Minuten backen.

Für 1 Portion
1 Portion Pastinaken
1 Portion Soja-
bohnensprossen
Salz, Pfeffer
Paprikapulver
2 Scheiben Roggen-
vollkornknäckebrot

REZEPTE
FÜR VEGETARIER

Pilze

Zwei Pilze rücken bei Metabolic Balance® ins Rampenlicht, da sie wertvolle Eiweißlieferanten sind: Austernpilze und Shiitakes. Die Austernpilze (lat. Pleurotus ostreatus), auch Austernseitlinge genannt, sind kurzstielige, hellgraue, zuweilen leicht bläulich oder bräunlich wirkende muschelförmige Pilze, die bis zu 15 Zentimeter breit werden und am Hutrand leicht eingerollt sind. Austernpilze kann man vielfältig zubereiten, z. B. braten, dünsten oder panieren. Roh sind sie etwas bitter im Geschmack. In Kombination mit Wildreis sind sie wahre Eiweißpakete. Shiitakes (lat. Lentinula edodes), auch Shii-takes geschrieben, sind asiatische Ständerpilze mit einem braunen Hut. Frisch gekaufte Shiitakes schlägt man am besten locker in Zeitungspapier ein und legt sie ins Gemüsefach des Kühlschranks; so bleiben sie drei bis vier Tage frisch.

Getrocknete Shiitakes lagert man vorzugsweise in einem dicht verschlossenen Behälter im Kühlschrank oder auch im Gefrierschrank. So halten sie sich gut bis zu einem halben Jahr.

Ob Champignons, Austernpilze oder Shiitakes – Pilze sind immer eine gute Wahl für eine gesunde Kost.

ZUBEREITUNGEN
MIT PILZEN

Sellerie-Shiitakes-Suppe

Für 1 Portion

1 Portion Gemüse (Knollensellerie, Porree)

1 Portion Shiitakes

250 ml Gemüsebrühe

Salz, schwarzer Pfeffer

frisch geriebene Muskatnuss

Currypulver

Zubereitung

1. Den Sellerie waschen, schälen und in Würfel schneiden. Den Porree waschen, putzen und in feine Ringe schneiden. Die Pilze putzen, die Stiele fein hacken und die Hüte halbieren.

2. Die Gemüsebrühe zum Kochen bringen. Die Selleriewürfel dazugeben und etwa 15 Minuten kochen lassen. Fein pürieren.

3. Eine Pfanne ohne Fett erhitzen und darin die Pilze braten, den Porree dazugeben und kurz mitbraten. Pilze und Porree zur Suppe geben und kurz aufkochen lassen. Die Suppe mit Salz, Pfeffer, Muskatnuss und Currypulver würzen.

Austernpilzcremesuppe mit Kerbel

Für 1 Portion

1 Portion Gemüse (Pastinake, Schalotte, rote Paprikaschote)

1 Portion Austernpilze

250 ml Gemüsebrühe

Salz, schwarzer Pfeffer

frisch geriebene Muskatnuss

2 EL frisch gehackter Kerbel

Zubereitung

1. Pastinake waschen, putzen und schälen. Schalotte abziehen. Paprikaschote waschen und putzen. Alle drei Zutaten fein würfeln. Austernpilze putzen und in Streifen schneiden.

2. Einen Topf ohne Fett erhitzen und darin die Schalotten- und Pastinakenwürfel anbraten. Mit der Gemüsebrühe aufgießen. Bei mittlerer Hitze 10 bis 15 Minuten zugedeckt köcheln lassen.

3. In der Zwischenzeit eine Pfanne ohne Fett erhitzen und darin die Paprikawürfel und die Austernpilze unter Rühren anbraten.

4. Den Topfinhalt pürieren und die Pilz-Paprika-Mischung dazugeben. Die Suppe mit Salz, Pfeffer und Muskatnuss würzen. Kurz aufkochen lassen und den Kerbel unterrühren.

Tipp Kerbel frisch verwenden, nicht tiefkühlen oder trocknen.

REZEPTE
FÜR VEGETARIER

Für 1 Portion

1 Portion Wildreis
und Austernpilze
1 Portion Gemüse
(Spinat, 1 EL gewür-
felte Zwiebel)
1 Knoblauchzehe
frischer Ingwer
250 ml Gemüse-
brühe
Salz
Tabasco
1 Prise Zitronen-
graspulver

Spinat-Wildreis-Suppe

Zubereitung

1. Den Wildreis nach Packungsangabe in reichlich Salzwasser garen. Abgießen und abtropfen lassen.

2. Die Austernpilze putzen und in mundgerechte Stücke schneiden. Den Spinat verlesen, waschen und in grobe Stücke schneiden. Knoblauch abziehen und fein hacken. Ingwer schälen und fein hacken.

3. Einen Topf ohne Fett erhitzen und darin Knoblauch, Ingwer und Zwiebel kurz anbraten. Mit der Gemüsebrühe aufgießen und aufkochen lassen. Spinat und Pilze in die Gemüsebrühe geben und bei schwacher Hitze etwa 5 Minuten garen.

4. Den Reis zufügen und kurz miterwärmen. Die Suppe mit Salz, Tabasco und Zitronengraspulver würzen.

Info Als »Wildreis« bezeichnet man die Samen des wildwachsenden Wassergrases Zizania aquatica, das den indianischen Ureinwohnern Kanadas seit Jahrtausenden als wichtige Nahrungsquelle dient. Echter Wildreis wird nicht angebaut, sondern wächst auf natürliche Weise immer wieder nach. Wegen des relativ hohen Feuchtigkeitsgehalts von 40 Prozent ist frisch geernteter Wildreis im Rohzustand nur kurz haltbar. Der Feuchtigkeitsgehalt wird durch Darren über dem Feuer auf unter 10 Prozent gesenkt.

Info Wildreis schmeckt erheblich kräftiger als heller, ungeschälter Reis. Die Inhaltsstoffe des Wildreises sind ernährungsphysiologisch gesehen sehr wertvoll. Wildreis enthält die essenziellen Aminosäuren Isoleucin, Lysin, Methionin, Phenylalanin und Valin. Auffallend ist aber auch der hohe Gehalt an Linolensäure, einer mehrfach ungesättigten Omega-3-Fettsäure.

Leicht exotisch gewürzt kommt sie daher, die Spinat-Wildreis-Suppe.

REZEPTE
FÜR VEGETARIER

Shiitakespfanne mit Ingwersauce

Für 1 Portion

1 Portion Shiitakes

1 Portion Frühlings-
zwiebel

frischer Ingwer

Salz, Pfeffer

ein Spritzer Tabasco

1 TL Kurkuma

150 ml Gemüse-
brühe

1 EL frisch geschnit-
tener Schnittlauch

Zubereitung

1. Die Shiitakes säubern, große Pilze nach Bedarf etwas kleiner schneiden. Frühlingszwiebel waschen, putzen und in längliche Stücke schneiden. Etwa 1 Zentimeter Ingwer schälen und grob hacken.

2. Eine Pfanne ohne Fett erhitzen und darin die Frühlingszwiebel kurz anbraten. Aus der Pfanne nehmen und beiseite stellen.

3. Shiitakes und Ingwer in die Pfanne geben und etwa 5 Minuten braten. Mit Salz, Pfeffer und Tabasco würzen. Kurkuma darüber streuen und mit der Gemüsebrühe angießen. Aufkochen lassen und die Frühlingszwiebel untermischen. Mit Schnittlauchröllchen bestreuen.

Gemüsepaella

Für 1 Portion

1 Portion Wildreis
und Austernpilze

150 ml Gemüse-
brühe

1 Portion Gemüse
(grüne Bohnen,
Aubergine, Oliven,
rote eingelegte
Peperoni)

1 Knoblauchzehe

Salz

1/2 TL gemahlener
Koriander

1/2 TL Paprikapulver

Safranfäden

1 EL gehackte
Petersilie

Zubereitung

1. Wildreis mit Brühe aufkochen und bei mittlerer Hitze 8 Minuten köcheln lassen. Austernpilze putzen und etwas klein schneiden.

2. Die Bohnen waschen, putzen und in grobe Stücke schneiden. In kochendes Salzwasser geben, etwa 5 Minuten blanchieren und wieder herausnehmen. Die Aubergine waschen und würfeln. Die Oliven entkernen und in feine Scheiben schneiden. Den Knoblauch abziehen und fein hacken.

3. Eine Pfanne erhitzen und darin die Bohnen, die Aubergine und die Austernpilze unter Rühren anbraten. Den Reis mit der restlichen Gemüsebrühe zu dem Gemüse geben.

4. Die Paella mit Salz, Koriander und Paprikapulver würzen. Safranfäden zwischen den Finger zerreiben und dazugeben. Alles zusammen weitere 5 Minuten garen. Mit Peperoni und Petersilie garnieren.

ZUBEREITUNGEN
MIT PILZEN

Austernpilze auf griechische Art

Für 1 Portion

1 Portion
Austernpilze

1 Portion Gemüse
(Schalotten,
1/2 Tomate)

50 ml Gemüsebrühe

1 TL grüne
Pfefferkörner

Salz

1 Prise Gewürz-
nelkenpulver

1 Prise Zimt

Zubereitung

1. Die Pilze putzen. Größere Pilze halbieren oder vierteln. Die Schalotten abziehen und halbieren. Die Tomate klein würfeln.
2. Einen Topf erhitzen und die Schalotten darin unter Rühren bei
mittlerer Hitze etwa 2 Minuten braten. Die Pilze dazugeben und kurz
mitbraten. Tomate, Brühe und Pfefferkörner darunter mischen.
3. Die Pilzpfanne mit Salz, Gewürznelkenpulver und Zimt würzen
und zugedeckt bei mittlerer Hitze etwa 15 Minuten schmoren.

Gefüllte Paprikaschote

Für 1 Portion

1 Portion Wildreis
und Austernpilze

1 Portion Gemüse
(Paprikaschote, 1 EL
gewürfelte Zwiebel)

Salz, schwarzer
Pfeffer

1 Prise Chilipulver

100 ml Gemüse-
brühe

1 EL gehackte
Petersilie

Zubereitung

1. Wildreis in Salzwasser nach Packungsanleitung kochen, absieben
und gut abtropfen lassen.
2. Austernpilze putzen und fein hacken. Paprikaschote waschen und
halbieren. Stielansatz, Samen und Trennwände entfernen.
3. Eine Pfanne ohne Fett erhitzen und darin die Zwiebel scharf
anbraten. 1 Esslöffel Austernpilze zur Seite legen, die restlichen Pilze
mit ganz wenig Wasser in die Pfanne geben und unter Rühren etwa
5 Minuten mitdünsten lassen. Den Wildreis dazugeben. Kräftig mit
Salz, Pfeffer und Chilipulver würzen.
4. Backofen auf 200 °C (Umluft 180 °C, Gas Stufe 3–4) vorheizen.
5. Die Paprikahälften mit der Wildreis-Austernpilz-Mischung füllen
und in eine feuerfeste Auflaufform setzen. Mit Gemüsebrühe angießen und im heißen Backofen etwa 20 Minuten garen.
6. Die gefüllte Paprikaschote auf einem Teller anrichten und mit
Petersilie und den beiseite gelegten Austernpilze garnieren.

ZUBEREITUNGEN
MIT PILZEN

Gefüllte Mangoldblätter

Zubereitung

1. Die Austernpilze putzen und in feine Würfel schneiden. Einen Topf ohne Fett erhitzen und die Zwiebelwürfel darin glasig dünsten. Die Austernpilze dazugeben und kurz mitbraten.

2. Den Wildreis zu den Pilzen geben, mit 200 Milliliter Gemüsebrühe ablöschen und aufkochen lassen. Den Wildreis zugedeckt bei schwacher Hitze etwa 20 Minuten ausquellen lassen.

3. Inzwischen die Mangoldblätter waschen und vierteln. Die dicken Stielteile flach schneiden. Die Blätter in kochendem Salzwasser etwa 1 Minute blanchieren, kalt abschrecken und abtropfen lassen.

4. Die Wildreis-Austernpilz-Mischung kräftig mit Salz und Pfeffer würzen und die Kräuter dazugeben.

5. Die Mangoldblätter auf einer Arbeitsfläche auslegen und die Reismischung darauf verteilen. Die Blätter an den Längsseiten einschlagen und aufrollen. Mit Küchengarn zusammenbinden.

6. Die restliche Gemüsebrühe zum Kochen bringen, die Röllchen hineingeben und zugedeckt bei mittlerer Hitze etwa 10 Minuten garen. Die Röllchen kann man heiß oder kalt servieren.

Info Mangold ist ein typisches Frühjahrsgemüse, das lange Zeit unbegründet im Schatten des Spinates stand. Botanisch gesehen ist Mangold auch nicht mit Spinat verwandt, sondern mit Rote Bete. Im Geschmack ist allerdings diese Verwandtschaft nicht zu merken. Man unterscheidet zwischen Mangold und Schnittmangold; Letzterer hat kleinere Blätter mit schmalen, grünen Blattstielen. Mangold zeichnet sich durch seinen Mineralstoffreichtum aus. Er enthält Phosphor, Kalium, Kalzium, Magnesium, Eisen und Jod sowie die Vitamine B1, B2 und C.

Für 1 Portion
1 Portion Wildreis und Austernpilze
1 Portion Gemüse (1 EL gewürfelte Zwiebel, Mangoldblätter)
300 ml Gemüsebrühe
Salz, Pfeffer
1 TL gehackte frische Minze
1 TL gehackte Petersilie

Mangoldblätter eignen sich gut zum Füllen.

Rezeptregister

Antipastisalat mit
Mandelade 59
Aprikosen mit Ziegenkäse 97
Austernpilzcremesuppe mit
Kerbel 133
Austernpilze auf griechische
Art 137
Avocadocremesuppe mit Ei 72

Bambussprossensuppe 121
Birnensalat mit Sojabohnen-
sprossen 126
Birnensuppe 63
Blumenkohl mit Mungo-
bohnen 114
Blumenkohlsuppe mit
Sprossen 121
Bohnen mit Artischocken-
sauce 114
Bolognese von roten
Linsen 115
Bratapfel mit Vanillemilch 63
Braune-Bohnen-Salat 118
Brokkoli mit Käsesauce 84
Brot mit Apfel und
Mozzarella 97

Champignons mit Oliven-
creme 104
Champignons-Tofu-
Spieße 105
Chicoréeschiffchen mit
Tofu 107

Crunchymüsli mit Soja-
joghurt 59

Ei auf Chicorée mit Avocado-
sauce 72
Eier im Spinat-Tomaten-
Bett 77
Eier im Wirsingmantel 78
Eierragout in Senfsauce mit
Kapern 76
Eierrösti 73
Eiersalat mit Apfel 73

Feldsalat mit Linsen-
sprossen 122
Fenchel mit Käsefüllung 91
Fenchel mit Käsestäbchen 90
Fruchtiger Avocado-
cocktail 95
Fruchtiger Kidneybohnen-
topf 113

Gebratenes Sprossen-
gemüse 130
Gefüllte Aubergine 75
Gefüllte Grapefruit 98
Gefüllte Mangoldblätter 139
Gefüllte Paprikaschote 137
Gefüllter Knollensellerie 116
Gefüllter Kohlrabi 77
Gefüllte Zucchini 95
Gegrilltes Tofu-Vollkornsand-
wich 102

Gemüseauflauf mit Käse-
kruste 86
Gemüsecarpaccio mit
Mozzarella 94
Gemüselasagne 130
Gemüsemüsli 89
Gemüsepaella 136
Gemüsescheiben im Körner-
mantel 66
Gemüsespiegelei 69
Gemüsesuppe mit Ei-
Einlage 69
Grüne Bohnen mit
Feta 87
Grüner Blattsalat süß-
sauer 81
Grüner Curry-Apfel-Dip zu
Gemüse 99

Herzhaftes Körnermüsli 62

Indian Egg mit Mangold 101

Käsefondue 84
Käsesuppe mit Kräutern 94
Kichererbsensuppe mit
Papaya 111
Kräuterkekse 60
Krautsalat mit Schafskäse-
dressing 86
Kürbiscurry 67
Kürbis-Linsen-Suppe 111

REZEPTREGISTER

Limabohnen-Champignons-
Suppe 113
Limabohnen-Weißkohl-
Pfanne 119
Linsensprossen auf Apfel-
scheiben 127
Löwenzahnsalat mit Möhren-
dressing 127

Mandeladesuppe 57
Mangocurry mit
Sprossen 131
Mango-Omelette 76
Melonensalat mit
Alfalfasprossen 123
Mozzarella mit Mango 98

Okracurry mit weißen
Bohnen 118
Okrasalat mit Feta 89

Papaya mit Zitronencreme
gefüllt 99
Papayapfannkuchen 64
Pastinaken auf geräuchertem
Tofu 109
Pastinakensalat 92
Porree mit Pastinaken-
haube 92

Quark-Himbeer-Shake 97

Radicchio mit Mandelade-
sauce 58

Räuchertofu auf Paprika-
kraut 101
Roggennudeln mit Sprossen-
gemüse 124
Rohkost mit Avocado-
dressing 70
Rohkostteller mit kalter
Käsesauce 83
Rosenkohl-Apfel mit
Körnern 67
Rucolacremesuppe mit
Ziegenkäse 91

Salat mit Kichererbsen-
sprossen 123
Salat mit Tofugeschnet-
zeltem 109
Salattatar mit Knoblauch-
brot 83
Sauerkrautsalat mit
Sprossen 126
Sauerkrautsuppe mit
Tofu 102
Schokojoghurt mit
Mango 62
Sellerie mit Avocado-
remoulade 70
Sellerie mit Knoblauch-Tofu-
Creme 108
Sellerie-Shiitakes-
Suppe 133
Shiitakespfanne mit
Ingwersauce 136

Sojabohnenkroketten 131
Spargel mit Papayacreme 82
Spinatcurry mit
Ziegenfrischkäse 90
Spinat-Wildreis-Suppe 134
Sprossensushi 129
Staudensellerie in
Curry-Käse-Sauce 81
Steckrübe mit Adzuki-
bohnen 119

Tofu auf Paprikakraut 101
Tofu-Dill-Bällchen mit
Möhren 105
Tofu mit Gemüse süß-
sauer 108

Überbackene Schwarz-
wurzel 104

Vegetarische
Krautwickel 66
Vital Sojadrink 58

Weißkohl-Apfel-Salat 115
Wildkräuter-Avocado
Quark 64

Zucchini gefüllt mit Kräuter-
püree 87
Zucchinisuppe mit
Sprossen 122

Zutatenregister

Adzukibohnen(sprossen) 119, 126

Alfalfa-Sprossen 123, 127

Apfel 63, 67, 73, 81, 83, 97, 99, 101, 105, 113, 115, 126f.

Aprikosen 97

Artischocken 114

Aubergine 66, 75, 121, 129f., 136

Austernpilze 132ff., 136f., 139

Avocado 58, 64, 70, 72, 95, 129

Bambussprossen 121

Birnen 56, 62f., 126

Blattsalat 73, 81, 123

Blumenkohl 70, 114, 121

Bohnen 87, 113f., 118, 136

Brokkoli 77, 84

Champignons 76, 104f., 113, 124

Chicorée 66, 72, 83f., 99, 107

Chili 67, 84, 92, 102, 111, 118, 121, 137

Curry 75, 81, 90, 92, 101, 116, 118, 121, 133

Eichblattsalat 81, 126

Eier 68ff.

Fenchel 59, 69, 84, 86, 90f.

Feta 83f., 86f., 89ff.

Frühlingszwiebel 67, 102, 118, 124, 131

Gemüsebrühe 57, 59f., 66f., 69f., 72f., 76ff., 81, 84, 86f., 89ff., 94f., 98, 101f., 104f., 109, 111, 113ff., 118f., 121ff., 126f., 129f., 133f., 136f., 139

Gewürzgurke 70, 102

Haferflocken 56, 58, 63f.

Himbeeren 56, 59, 97

Hülsenfrüchte 110ff.

Hüttenkäse 81ff.

Ingwer 81, 98, 101, 108, 119, 122, 129, 134

Kapern 76, 90

Kartoffel 76, 87

Käse 80ff.

Kichererbsen(sprossen) 111, 115, 123, 131

Knoblauch 57, 66, 83f., 86, 90ff., 94, 97, 104f., 107f., 111, 114ff., 118f., 124, 130, 134, 136

Knollensellerie 60, 62, 69, 108, 111, 116, 127, 133

Kohlrabi 62, 77, 94

Kopfsalat 66, 81, 102

Kürbis 67, 111, 121

Kürbiskerne 56, 59, 89

Limabohnen 113, 119

Linsen(sprossen) 111, 115, 121f., 127, 130

Lollo Rosso 81, 92, 109

Löwenzahn 64, 127

Mandeln 56ff., 62

Mango 56, 58, 62, 73, 76, 95, 98, 108, 131

Mangold 101, 139

Meerrettich 83, 105, 107, 123

Milch 56, 63f.

Mineralwasser 73, 89, 95, 97ff., 104, 108

Möhren 57, 60, 69, 78, 89, 91f., 94, 105, 108, 115, 127

Mozzarella 94f., 97f.

Mungobohnen(sprossen) 114, 122, 124, 130

Muskatnuss 62, 73, 77f., 87, 91, 101, 104, 115, 12, 133

Okra 89, 118

Oliven 95, 104, 130, 136

Papaya 56, 64, 73, 82, 99, 111

Paprikaschote 57, 59, 69, 75, 83, 86, 92, 95, 108, 114, 118, 122, 126, 129, 133, 137

Pastinake 57, 60, 91f., 109, 131, 133

Pilze 132ff.

Porree 69, 72, 86, 89, 92, 108, 113, 119, 131, 133

Quark 64, 80, 89, 92, 95, 97ff.

Roggenvollkorn(knäcke)brot 57, 59f., 73, 75, 81, 83, 86f., 89ff., 94, 97, 102, 104f., 124, 126, 131

Rosmarin 90, 104

Rucola 91, 94, 123

ZUTATENREGISTER

Salatgurke 73, 83, 90, 109, 118
Sauerkraut 101f., 126
Schafsfrischkäse 86
Schwarzaugenbohnen 116
Schwarzwurzeln 60, 69, 104
Senfpulver 76, 126
Shiitakes 132f., 136
Sojabohnensprossen 126, 129, 131
Sojajoghurt/-milch 58f., 62f.
Sonnenblumenkerne 56ff., 62, 89
Spargel 82, 130
Spinat 77, 90
Sprossen 120ff.
Staudensellerie 70, 81, 83, 89, 99, 113, 115

Tofu 100ff.
Tomate 70, 73, 77, 83, 86f., 102, 107, 114, 118, 130, 137

Weißkohl 66, 86, 115, 119
Wildreis 134, 136f., 139
Wirsing 69, 78
Worcestersauce 94, 121

Ziegen(frisch)käse 90ff., 94, 97
Zitronengras 59, 64, 76, 98, 108, 121, 127, 129f., 134
Zitronenmelisse 64, 86, 89, 97, 99, 130
Zucchini 59, 66, 87, 95, 122
Zwiebel 64, 66, 72f., 76f., 89f., 94f., 101f., 104, 107ff., 113, 115, 118f., 121f., 134, 139

Bereits im Südwest Verlag erschienen:

ISBN 978-3-517-06955-5

ISBN 978-3-517-06993-7

ISBN 978-3-517-08277-6

ISBN 978-3-517-08411-4

ISBN 978-3-517-08562-3

ISBN 978-3-517-08412-1

ISBN 978-3-517-08499-2

ISBN 978-3-517-08560-9

ISBN 978-3-517-08450-3
ISBN 978-3-517-08500-5
ISBN 978-3-517-08517-3

BILDNACHWEIS/IMPRESSUM

Redaktionsleitung
Susanne Kirstein

Projektleitung
Sonia Gembus

Redaktion
Dr. Ute Paul-Prößler

Gesamtproducing
v*büro –
Jan-Dirk Hansen

Bildredaktion
Elisabeth Franz

Korrektorat
Susanne Langer

Umschlag
R.M.E. Eschlbeck/
Kreutzer/Botzenhardt

Reproduktion
Artilitho, Lavis (Trento)

Druck und Verarbeitung
Alcione, Lavis (Trento)

Printed in Italy

ISBN 978-3-517-08564-7
9817 2635 4453 6271

Hinweis

Die Ratschläge in diesem Buch sind von Autoren und Verlag sorgfältig erwogen und geprüft; dennoch kann eine Garantie nicht übernommen werden. Eine Haftung der Autoren bzw. des Verlags und dessen Beauftragten für Personen-, Sach- und Vermögensschäden ist ausgeschlossen.

Impressum

© 2010 by Südwest Verlag, einem Unternehmen der Verlagsgruppe Random House GmbH, 81673 München

Alle Rechte vorbehalten. Vollständige oder auszugsweise Reproduktion, gleich welcher Form (Fotokopie, Mikrofilm, elektronische Datenverarbeitung oder durch andere Verfahren), Vervielfältigung, Weitergabe von Vervielfältigungen nur mit schriftlicher Genehmigung des Verlags.

Bildnachweis

Foodfotografie: Klaus Arras, Köln

Weitere Fotos:
die bildstelle 39 (Rex Features LTD); Getty Images 2, 9; (Harrison Eastwood); 6 (Neo Vision); Picture Press 4 (Onokry/Fabrice Lerouge); Mosaik Verlag 33 (Karl Newedel); Südwest Verlag 19 (Maja Smend); 25 (Barbara Bonisolli); 29 (Antje Plewinski); 43 (Jan-Dirk Hansen);

Illustrationen und U1: Jan-Dirk Hansen, München

Mix
Produktgruppe aus vorbildlich bewirtschafteten Wäldern und anderen kontrollierten Herkünften
Zert.-Nr. SA-COC-002021
www.fsc.org
© 1996 Forest Stewardship Council

Verlagsgruppe Random House
FSC-DEU-0100

Das für dieses Buch verwendete FSC-zertifizierte Papier *Profibulk* wurde produziert von Sappi Alfeld und geliefert durch die IGEPA.